Antje Laus
März '92

HEYNE
BÜCHER

HEYNE KOCHBÜCHER

AGNES AMBERG

Köstlichkeiten ohne Fisch & Fleisch

127 Rezepte mit 32 Farbfotos
von
Reinhart Wolf

WILHELM HEYNE VERLAG
MÜNCHEN

HEYNE KOCHBUCH
07/4610

Im Hinblick auf die Schweizer Autorin
hat sich der Verlag für die
Beibehaltung der schweizerischen Schreibweise
mit ss entschlossen

Genehmigte Taschenbuchausgabe
Printed in Germany 1990
Umschlaggestaltung: Atelier Ingrid Schütz, München
Umschlag- und Innenfotos: Reinhart Wolf, Hamburg
Satz: Schaber, Wels
Druck und Bindung: RMO-Druck, München

ISBN 3-453-04046-5

INHALT

Das Kochbuch ist in Zusammenarbeit
mit der Kochbrigade des Restaurants Agnes Amberg
sowie der Privatkochschule Agnes Amberg entstanden,
insbesondere die mit ✡ versehenen Rezepte.

Die Autorin dankt allen, die bei Rezeptur-Entwicklungen
und Fotos mitgeholfen haben.

Vorwort

Gemüse – gesellschaftsfähig und gästefreundlich

Als ich das Angebot bekam, ein vegetarisches Kochbuch zu schreiben und erstmals davon sprach, scherzten Freunde: »Agnes wird grün.«

Ich wurde es nicht, ich bin es schon längst, auch rot, gelb, violett, welche Farbe Gemüse immer haben mag. Vermutlich hängt dies damit zusammen, dass ich nicht von der Restaurantküche herkomme, wo Gemüse auch heute noch vielfach als »quantité négligeable« behandelt wird, willkommen höchstens als Tupfer, der Farbe gibt. Das zeigt sich schon in der Hierarchie, wo der Entremetier, der sich um das Gemüse kümmert, unter dem Saucier rangiert. Bringt man das Gespräch auf vegetarische Gerichte, so bekommt man von Köchen gern dumme Sprüche zu hören: Vegetarier hätten den Vogel, den sie auf dem Teller nicht essen, halt im Kopf …

Meine Erfahrung ist da anders. Im Restaurant und in der Kochschule, die mir beide verlässliche Seismographen sind, kündet sich bereits seit einiger Zeit ein deutlicher Trend zu fleischlosen Gerichten an, sei es, weil die Gäste mit Fleisch übersättigt sind, es aus ethischen oder religiösen Gründen meiden oder aber, weil sie ihrer Gesundheit zuliebe zwischendurch gern auf Fleisch und Fisch verzichten möchten. Es handelt sich dabei keineswegs um Leute aus den Reihen der »Körnlipicker«, sondern um Gourmets, bei denen der Genuss über die Geschmacksnerven geht. Sie wünschen sich, so gut es geht, eine Kombination von beidem: gesundem Gemüse, weniger belastende fleischlose Gerich-

te ganz allgemein, die gleichzeitig aber auch gehobenen Ansprüchen genügen, gästefreundlich und damit gewissermassen gesellschaftsfähig sind.
Wir gingen daran, uns etwas einfallen zu lassen, ohne den Fehler zu wiederholen, Gemüse und Stärkegerichte, wie in der vegetarischen Küche vielfach üblich, in Pseudo-Koteletts oder Pseudo-Würste zu verwandeln. Sie sollten eigenständig sein, auf die einfachste wie auch auf die raffiniertere Art. Das bedeutet, dass wir bei jedem der Gemüse seine ganz bestimmte Geschmackskomponente betonen, dass wir die dafür am besten geeignete Art der Zubereitung wählen, dass wir so dem Vorurteil begegnen, vegetarische Gerichte seien rustikal, derb. Vegetarisch Speisende sollten nicht den Eindruck haben, sie kämen zu kurz.
Vom Erfolg der fleischlosen Gerichte in meinem Restaurant war es nur ein kurzer Schritt zu diesem Buch. Möglichst viele Gourmets, die gern vegetarisch essen, können auf diese Weise teilhaben an Genüssen, die sonst eher den »Fleischigen« vorbehalten sind. Ich stellte die Rezepte so zusammen, dass sich daraus mehrgängige Menüs komponieren lassen, und ich gebe auch einige Vorschläge dazu. Den Beginn machen kalte Vorspeisen aus rohen Gemüsen und warme wie Timbalen. Die Suppen bauen auf frisch püriertem Gemüse oder Hülsenfrüchten auf und werden verfeinert zu delikaten Süppchen. Den Schwerpunkt bilden die Hauptgerichte, für die ich »Grosses« wähle, das schön präsentiert und mit einer Sauce oder einer Beilage bereichert werden kann. Viel Aufmerksamkeit lasse ich den Nachspeisen zukommen, weil ich weiss, dass Vegetarier oft einen süssen Zahn haben, des weiteren auch aus Kostengründen: Mit Ausnahme von Trüffel, dem Kaviar unter den Gemüsen, gibt es in der vegetarischen Küche kaum so Kostspieliges wie in der Küche mit Fleisch und Fisch. Desserts dürfen hier ein bisschen wettmachen.
Die Menüs sind so zusammengestellt, dass, wer nicht vegetarisch essen will, sie ergänzen kann mit einem Kalbsschnitzel oder Entrecôte. Und wer nicht darauf besteht, vollvegetarisch zu speisen, darf hier etwas Fleischbouillon

und dort ein Würfelchen Speck verwenden – ich habe es angemerkt.
Die Rezepte schliesslich fasste ich derart ab, dass man sie in der genannten Reihenfolge Schritt um Schritt vollziehen kann. Manche gehen auf unsere allerneuesten Entwicklungen zurück oder sind Renner auf unserer »Hitparade«. Und von einigen trennte ich mich nur schweren Herzens …

Meine »grüne« Biographie

Zur Welt kam ich in einem Kanton, der gern auch »Rüebliland« genannt wird, und aus gelben Rüben besteht auch seine bekannteste Spezialität: die Aargauer Rüeblitorte. Ich wuchs auf dem Land auf, mit Wangen so rot wie Tomaten, bei einer Grossmutter, die das Sauerkraut noch eigenhändig hobelte. Es gab viel Spinat, von dem man dazumal noch glaubte, dass er für Kinder das gesündeste aller Gemüse sei, doch mein Lieblingsgericht war Blaukraut mit Kastanien und Kartoffelstock, in dem sich so schön Seelein aus Sauce machen liessen.
Um Hauswirtschaftslehrerin zu werden, kam ich nach Menzingen ins Internat. Hier taten wir uns an Gemüse gütlich, weil es ausser gesund vor allem billig war. Jeden Tag stand Salat auf dem Tisch, so wie ihn der Klostergarten hergab, und auch die gekochten Gemüse hielten sich streng an die Saison: Bohnen im Sommer, Kohl im Winter. Fleisch machte sich rar, Spinat mit Spiegelei galt als ganze Mahlzeit und war ebenso vegetarisch wie die Kartäuserklösse mit Zimtzucker und Apfelmus oder die Apfelrösti mit Vanillesauce, die mir besser schmeckten. Strikt wurde noch der fleischlose Freitag eingehalten.
Sparsamkeit war es auch, die mich später als Lehrerin veranlasste, in der Schulküche des öftern fleischlose Gerichte auf das Programm zu setzen, denn regelmässig Fleisch hätte mein Budget schön durcheinandergebracht. Gemüse zählte bei den Schülerinnen zwar nur als zweitrangig, ein notwendiges Übel. Durch den gemeinsamen Einkauf beim »Ge-

müsler« und variierende Zubereitungsarten versuchte ich es ihnen jedoch schmackhafter zu machen.
Meine Lehr- und Wanderjahre im Gastgewerbe, in der Hotelfachschule und an der »Cordon Bleu« in Paris liessen mich erkennen, welch stiefmütterliche Behandlung das Gemüse in der Gastronomie erfährt. Da werden Dosen geöffnet, da wird aufgetaut ... Selten verspürte ich mehr Lust auf knakkige Salate frisch aus dem Garten als in jenen Jahren.
In der Versuchsküche eines Grossbetriebs der Nahrungsmittelindustrie geriet ich, was das Gemüse betrifft, vom Regen in die Traufe, denn hier gestand man ihm nicht einmal mehr seine einheimische Herkunft und sein natürliches Volumen zu: Tonnenweise wurde es, gefrier- und schockgetrocknet, aus dem Ausland importiert ...
Eine Kehrtwende brachten die Jahre, als ich mich an einer Werbeagentur für Kulinarisches beteiligte. Kochaufnahmen in Farbe kamen in Mode, waren gefragt – und was bot sich da farbiger an als Gemüse? Ich begann für Zeitschriften zu schreiben, die der gesunden Ernährung immer mehr Bedeutung gaben, so dass meine Kochbeiträge auch von vegetarischen Gerichten, von Kräutern, Früchten, Obst und oft auch von Diät handeln durften.
Als ich 1968 die älteste Privatkochschule der Schweiz übernahm, trat ich auch in bezug auf das Gemüse ein Erbe an, dem ich mich verpflichtet fühlte. Denn Elisabeth Fülscher, meine Vorgängerin in der renommierten Institution, hatte schon immer grossen Wert auf Frischgemüse gelegt. Auch in ihrem zum Standardwerk gewordenen Kochbuch schob sie Kohlrabi und Krautstielen, Blumenkohl und Broccoli, Lattich und Lauch nicht eine kollektive Rolle als »Gemüse« zu, sondern sie liess jedes selbständig agieren, gab ihnen einen wichtigen Part im Rahmen des Menüs oder liess sie gar als Solisten auftreten. Ich ging einen Schritt weiter und fing an, mich ausschliesslich auf Frischgemüse zu beschränken. Wir entwickelten neue Formen der Zubereitung und der Kombination, machten aus Ratatouille Süppchen und servierten zu Lamm Zwiebeln und Böhnchen.
Was ich in der Kochschule begonnen hatte, setzte ich in

meinem eigenen Restaurant fort: Ich gab dem Frischgemüse einen festen Platz vor allem in der gehobenen Küche. Allerfrischestes liefert mir zu einem schönen Teil der eigene Gemüse- und Kräutergarten. Urständ feiert es in den siebengängigen vegetarischen Menüs, die ich – weil meine Gäste immer mehr danach verlangten – bald einmal schuf. Ich kombiniere das auf verschiedene Arten zubereitete Gemüse mit stärkehaltigen Produkten wie Hirsegratin, Risotto, Maissoufflé und ähnlichem.
Und so war es denn – siehe Vorwort – nur ein kurzer Schritt zu eben diesem Buch ...

Vegetarische Ernährung der Gesundheit zuliebe

Der Ernährungwissenschaftler

Eine Ernährung ohne Fleisch und Fisch gefällt nicht nur dem Gaumen, sondern kommt auch der Gesundheit zugute. Pflanzliche Produkte enthalten kein Cholesterin, aber viele Ballaststoffe, sind weniger fett und decken eine hohen Anteil unseres Vitamin- und Mineralstoffbedarfs. Ideal ergänzen sich hierzu, aufgrund ihrer hohen Eiweissqualität, Milch und Milchprodukte oder auch hin und wieder ein Ei.
Selbst bei Vegetariern, die sich über Jahrzehnte fleischlos ernähren, treten keinesfalls Mangelsymptome auf. Hingegen wurde wiederholt bewiesen, dass eine solche Ernährung vor erhöhtem Blutdruck, Gicht, Arteriosklerose und anderen Zivilisationskrankheiten schützt. Viele Gründe sprechen also dafür, den Fleisch- und Fischverzehr einzuschränken.
Beispielsweise fehlen den Lebensmitteln tierischer Herkunft die sogenannten Ballaststoffe. Dazu zählen chemisch recht unterschiedlich aufgebaute Substanzen der pflanzlichen Zelle, die allesamt von den menschlichen Verdauungsenzymen nicht aufgespalten werden können. Da sie viel Wasser zu binden vermögen, sorgen die Ballaststoffe dafür, dass der Darm gut gefüllt ist und dadurch auch für eine bessere Darmbewegung. Es braucht weniger lang, bis die Nahrung den Verdauungstrakt passiert hat; so schränkt sich der Kontakt der möglicherweise krebserregenden Stoffe aus der Nahrung und aus den Abbauprodukten der Gallensäure mit der Darmwand ein. Inwieweit Ballaststoffe auch Dickdarmkrebs ver-

hindern können, darüber wird derzeit diskutiert. Fest steht hingegen, dass insbesondere die Ballaststoffe, die überwiegend im Getreide enthalten sind, einer Verstopfung (Obstipation) entgegenwirken. Dem Pektin, einer Ballaststoffart vieler Gemüse- und Obstsorten, wird ein Einfluss auf den Cholesterinspiegel zugeschrieben. Die normalerweise aufgenommenen Pektinmengen reichen jedoch zu einer Senkung erhöhter Cholesterinwerte bei weitem nicht aus.
Wie stark eine cholesterinarme Ernährung ohne Fisch und Fleisch und mit wenigen Eiern pro Woche den Blutcholesterin-Gehalt erniedrigen kann, darüber streiten sich die Ernährungswissenschaftler. Denn der Körper stellt Cholesterin selber her und vermag deshalb eine verminderte Zufuhr leicht auszugleichen. Von grossem Einfluss ist sicherlich, wieviel Fett gegessen wird. Je weniger wir verzehren und je hochwertiger diese Fette und Öle sind, desto günstiger wirkt sich die Ernährung auf die Blutfettwerte und auf unser Körpergewicht aus. Die vegetarische Ernährung zeigt sich hier von ihrer besten Seite: Frisches Gemüse und Obst enthalten wenig Fett, und im Getreide, in Nüssen und Samen finden sich hohe Anteile mehrfach ungesättigter Fettsäuren, die für den menschlichen Organismus in vielfältiger Weise lebensnotwendig sind. Hierzu kommt, dass pflanzliche Lebensmittel kein Cholesterin enthalten. Es kann also nur wünschenswert sein, fettarme Fleisch-, Wurst- und auch Käsesorten zu bevorzugen und beim frischen Rohkostsalat mit den wertvollen, kalt gepressten Keimölen nicht zu geizen. Die Gefässe werden es uns danken, die bei erhöhten Blutfettwerten mit degenerativen Veränderungen und erhöhter Gefahr von Thrombose, Infarkt oder Schlaganfall reagieren. Dass Purine, jene Substanzgruppe, die als Bestandteil jedes Zellkernes sowohl in pflanzlicher als auch in tierischen Lebensmitteln vorkommt, im menschlichen Stoffwechsel zu Harnsäure abgebaut werden, ist wenig bekannt. Eier, Milch und mit wenigen Ausnahmen auch Gemüse enthalten nur geringe Purinmengen. Fleisch und Fisch weisen dagegen hohe Werte auf. Sie können bei Menschen mit erblicher Vorbelastung zu ansteigenden Harnsäurespiegeln

führen. Harnsäure lagert sich in den Gelenken und in der Harnblase ab, Gichterkrankungen und Harnsteine sind die Folgen. Neben Fleisch und Fisch sollte in diesen speziellen Fällen auch auf weisse Bohnen, Linsen und Erbsen verzichtet werden.

Zum Schluss bleibt die Frage, ob wir nicht gerade über Gemüse und Getreide in grossem Masse Umweltgifte und Rückstände aufnehmen. Woher wissen wir, welche unerwünschten Stoffe in unseren Speisen enthalten sind und welche schädigenden Wirkungen sie besitzen? Dies geht uns bei Fleisch und Fisch mindestens ebenso. Über die Nahrungskette Pflanze—Tier reichern sich toxische Substanzen im Tier an. Futtermittelzusätze werden zur schnelleren Aufzucht von Schlachttieren verwendet. Und die Gesundheit der Fische leidet unter der immer schlechter werdenden Wasserqualität der Flüsse und küstennahen Meere.

Geht es um die Nitrataufnahme, so muss gesagt werden, dass ein Grossteil aus dem Gemüse stammt. Starke Stickstoffdüngung und zu geringe Ausreifung bei wenig Sonne oder Unter-Glas-Anbau führen zu hohen Nitratmengen. Der Kauf von Gemüse aus dem saisonalen Angebot, das sorgfältige Waschen und Rüsten des Gemüses bieten einen wirksamen Schutz, vor allem, wenn man von Nitratspeichern wie Randen (rote Rüben), Kopf- und Nüsslisalat (Feldsalat) nur sparsam kostet.

Ohnehin geht vom Nitrat selber keine gesundheitliche Gefahr aus. Zu einem geringen Anteil von weniger als zehn Prozent bildet der Körper aus Nitrat Nitrit. Erst Nitrit kann mit Aminen, einem weiteren Nahrungsmittelinhaltstoff, Nitrosamine bilden. Einige Nitrosamine haben sich im Tierversuch als krebserregend erwiesen. Welche Bedeutung die körpereigene Nitrosaminbildung für die Krebsentstehung besitzt, ist noch nicht endgültig geklärt.

Um dem Gemüse seinen Nitrat-Makel zu nehmen, muss angefügt werden, dass die aus dem Nitrat gebildete Nitritmenge geringer ausfällt als das Nitrit, welches wir im Durchschnitt über sämtliche mit Nitritpökelsalz behandelten Fleischprodukte aufnehmen.

Es gibt gute Gründe genug, Fleisch und Fisch eher zum Aussenseiter als zum Mittelpunkt unserer Tafelfreuden zu machen. Denn Köstlichkeiten ohne Fleisch und Fisch schmekken ganz besonders unserer Gesundheit …

Friedrich Bohlmann

Gemüse von A bis Z Wer ist wer und wer mit wem?

Artischocken

Artischocken sind Blüten einer Distelart, faustgross bei den französischen, kleiner bis sehr klein bei den italienischen. Letztere isst man ganz, mitsamt den Blättern. Tips fürs Einkaufen: Die Artischocken müssen prall bleiben, wenn man sie anfasst, und die Blattspitzen dürfen nicht braun sein. Beim Rüsten werden die Stiele nicht abgeschnitten, sondern ausgebrochen; auf diese Weise wird ein Teil der Fäden, die bis in den Artischockenboden reichen, mit ausgezogen. Wenig halte ich davon, die Schnittstellen in starken Zitronensaft zu legen; lieber nehme ich in Kauf, dass sich die Farbe verändert, denn Zitrone schadet dem feinen Geschmack der Artischocken. Gekocht werden sie in viel Wasser, und wenn man sie allzu scharf findet, kann man ihm etwas Butter beigeben, um den Geschmack zu mildern. Das Kochwasser lässt sich für Suppe und als Basis für Saucen verwenden. Allerdings sollte man es erst probieren, denn es könnte bitter und deshalb unbrauchbar sein. Die Böden löse ich erst im letzten Moment aus, und wenn ich sie fülle, lege ich sie ins abgekühlte Wasser. Für mein Artischocken-Feuilleté schneide ich die Böden in Würfel und gebe sie in die aus der Basis entwickelte Sauce. Artischocken mögen Nüsse, Pinienkerne; auch Broccoli und Bleichsellerie passen geschmacklich dazu.

Auberginen

Diese Eierfrüchte haben die Eigenschaft, roh kaum ein Aroma zu besitzen; es entwickelt sich erst beim Kochen oder Braten und kann dann etwas bitter schmecken. Tip: Man brät die Auberginenscheiben in Olivenöl an, bestreut sie mit Salz und lässt sie die Nacht über stehen. Sie geben so den bitteren Geschmack ab. Junge, zarte Eierfrüchte kann man mit der Schale verwenden. Auberginen mögen Zwiebeln, Knoblauch, Tomaten, Zucchetti, Thymian, Basilikum, Petersilie, Käse.

Blaukraut

Es wird auch Rotkohl genannt und wie Weisskohl und Wirsing zubereitet. Blaukraut hat vom Herbst bis zum Frühling Saison und ist ein beliebter Bestandteil der rustikalen Küche. Man kocht es mit Zwiebeln, einem sauren Apfel, mit Wein und einem Schuss Essig. Blaukraut gehört zu den Gerichten, die lange kochen dürfen und nach Meinung mancher aufgewärmt noch besser schmecken. Eine klassische Beilage sind karamelisierte Kastanien, die ich – mitsamt dem Sirup – zuletzt unter das Blaukraut mische. Wenn ich Blaukrautsalat zubereite, überwelle ich das Kraut kurz und verwende Rotweinessig – was es zum Rotkraut macht. Auch auf feine Art lässt sich Blaukraut auf den Tisch bringen: in Form von Püree oder Mousselines (beliebt zu Wild). Zu Blaukraut passen Äpfel, Birnen, Kastanien, Nüsse, eingelegte Rosinen.

Blumenkohl

Vornehmer nennt er sich Karfiol, Blütenkohl, und er ist verwandt mit dem Broccoli. Blumenkohl gehört zu den Standardgemüsen, die das ganze Jahr über erhältlich sind und sich auf vielseitige Art zubereiten lassen: als Suppe, Gemüse, Salat, gratiniert, als Soufflé. Er muss geschlossen und fest sein und darf keine Flecken haben. Damit er beim Kochen nicht sein schönes Weiss verliert, kann man dem Kochwasser etwas Milch beigeben, vielleicht auch ein Stück Brotrinde, die den Geruch bindet. Problemlos weiss bleibt der Blumenkohl, wenn Sie ihn im Vapeur-(Dampf-)Gerät garen. In die Gesellschaft von Blumenkohl passt der verwandte Broccoli, dann auch die Tomate. Angerichtet wird er gern mit Brösmeli (Brösel) und gehacktem Ei (auch Zunge, Schinken). Als Sauce klassisch ist Béchamel- oder die Mornay-Sauce (auch zum Gratinieren).

Bohnen

Auf dem Markt finden sich meist Buschbohnen, denn die von Kennern geschätzten Stangenbohnen sind rar geworden. Von beiden Sorten gibt es gelbe Bohnen, die man als Wachsbohnen bezeichnet.
Die Palette der Bohnen reicht weit, sie bietet sich der rustikalen Küche ebenso an wie der exklusiven. Die Haute Cuisine bedient sich ihrer denn auch in der feinsten Form, die man Kenia- oder Filetbohnen nennt. Es handelt sich um eine besondere Sorte äusserst zarter Buschbohnen, die zudem sehr jung geerntet werden. Im Gegensatz dazu stehen die dicken Puffbohnen mit den weissen Kernen.
Freilandbohnen müssen gut abgefädelt werden. Man kocht Bohnen sprudelnd in Salzwasser, das sie knapp bedeckt. Neben Bohnengemüse und Bohneneintopf gibt es auch Bohnensalat und Bohnenpüree, aus Bohnenkernen lässt sich Suppe zubereiten und ebenfalls Salat …
Bohnen sehen sich gern in Verbindung mit Tomaten und Kartoffeln, mit Zwiebeln und Knoblauch.

Broccoli

Charakteristisch für den Broccoli mit seinen grünen Blütenknospen ist der feine, nussartige Geschmack. Er gilt als ein sehr dankbares Gemüse, denn er enthält viel Vitamin C und lässt sich bis zum letzten Stiel verwenden, vorausgesetzt er ist frisch und grün, nicht gelblich. Die Röschen kocht man in reichlich Salzwasser, denn sie sind rascher weich als die Stengel, die man – geschält – für Suppe gebrauchen kann. Ausser für Gemüse lassen sich die Röschen auch für Schaumsüppchen und Salat verwenden, in Kombination mit Nüssen: Nussölsauce, Baumnüssen, Pinien. Allerdings muss man sie dann sehr sorgsam mischen. Ich kombiniere Broccoli in der Timbale auch mit Blumenkohl und – für Nicht-Vegetarier – in der Terrine mit Gänseleber.

Chicorée

Eine Streitfrage wird stets bleiben, ob man den Strunk, da bitter, aus dem Chicorée (Zichorie) entfernen soll. Ich finde gerade diese Bitterstoffe sehr typisch. Kriterien für frischen Chicorée: Die länglichen Stauden sind weiss bis gelblich, fleischig und fest geschlossen, im Unterschied zum roten oder grünen italienischen Cicorino. Die Treibzichorie wird als Salat verwendet, man kann sie aber auch braisieren, mit einer Sauce Mornay überziehen und gratinieren oder daraus ein Süppchen bereiten: Ich dämpfe den Chicorée in Butter mit einer Prise Zucker an, so dass er caramelisiert, würze mit Salz und Pfeffer, lösche ab, püriere mit dem Mixer und passiere die Masse durch ein Sieb. Dann verfeinere ich mit Rahm.
Chicorée mag es auch süss: Äpfel, Ananas, Orangen lassen sich im Salat gut damit mischen, auch Nüsse, und das alles gern an einer süss-pikanten Sauce.

Chinakohl

Er ist feiner als der landesübliche Kohl, hat weniger Kohlgeschmack und heisst auch Peking- oder Blätterkohl. Ich mag ihn vor allem, weil er Abwechslung bringt und sehr gesund sein soll. Im Unterschied zu unserem grünen runden Kohl ist er länglich, gelb-grün und hat geschmeidige Blätter. Wenn er, für Salat, dennoch einen »Weichmacher« benötigt, kann man den geschnittenen Kohl mit etwas Bouillon übergiessen und eventuell mit Kümmel bestreuen, der ihn verdauen hilft. Füllen lässt sich der Chinakohl gleich wie Kohl, doch empfehle ich eine rassige Farce, denn das Gemüse selbst ist eher fad. Chinakohl mag Petersilie, Kerbel, gehackte Nüsse, im Salat auch Ei.

Endivie

Diese Chicorée-Art gibt es glatt oder kraus, die dunkelgrünen Blätter sind – vor allem im Herbst – oft bitter. Unter Winter-Endivie versteht man den hellgelben, stark gekrausten Frisée mit dem leicht bitteren Geschmack. Endivie wird gern mit Nüssen kombiniert, mit Nussöl angemacht und mit Ei angereichert.

Erbsen

Ihre Saison währt kurz, kurz ist auch die Kochzeit. Drei Minuten blanchieren genügt meist. Man unterscheidet zwischen den Palerbsen mit den grösseren, glatten Körnern und den Markerbsen, die leicht runzlig sind, doch auch zarter und süsser. Erbsen kocht man mit einer Prise Zucker und ohne Deckel, damit sie ihrer grünen Farbe nicht verlustig gehen. Tip: Zusammen mit Frühlingszwiebeln in Bouillon kochen. Aus Erbsen lässt sich auch Salat machen, Suppe, Püree, Mousseline. Die gute alte Schule lehrt, schöne Erbsenschoten zu dörren und für Gemüsebouillon zu verwenden.
Erbsen haben als klassische Partner Rüben (Möhren) und Karotten; pikante Gewürze wie Curry bekommen ihnen, und Butter gibt ihnen Glanz.

Fenchel

Fenchel hat einen starken Geschmack, deshalb spielt er beim Würzen eine Rolle; wer ihn mildern will, kocht die fleischige Knolle in reichlich Salzwasser. Fenchel eignet sich auch ideal zum Garen im Dampf, im Vapeur. Die äussersten Blätter werden beim Rüsten entfernt, dann halbiert man den Fenchel quer; kleine Knollen lässt man ganz. Aus Fenchel kann man Gemüse zubereiten, Suppe, Salat; man kann ihn mit Käse gratinieren oder auch füllen. Tomaten (Tomatensauce) passen dazu, Nüsse, Käse, Zitronensaft in kleiner Dosierung, sonst nimmt er dem Gemüse den Geschmack.

Gurken

Die Schlangengurken, wie sie auch genannt werden, gehören zu den Kürbisgewächsen und zeichnen sich durch ihren minimalen Kaloriengehalt aus: 30 sind es nur auf 100 Gramm, denn Gurken enthalten zur Hauptsache Wasser. Ihre Zubereitung ist ähnlich wie die der Zucchetti, mit denen sie verwandt sind. Geschält werden sie von der Spitze zum Stiel hin. Zarte Gurken braucht man nicht zu schälen, bei ausgewachsenen entfernt man zusätzlich die Kerne. Eine Regel besagt, dass man die Gurken erst kurz vor dem Servieren salzen soll, weil Salz ihnen das Wasser entzieht und die Salatsauce verdünnt. Wer Mühe hat mit Gurken, da sie schwer verdaulich sind, kann sie salzen, pfeffern und eine Weile so liegenlassen.
Tomaten sind eine gute farbliche Ergänzung zu Gurken; bei den Kräutern ist Dill der ideale Partner. Auch Zwiebel passt zu Gurke, Joghurt (Gurke an Joghurtsalatsauce schmeckt sehr erfrischend), Kümmel (der hilft beim Verdauen).

Kardy

Ein altes, fast vergessenes Gemüse! Es ist, wie die Artischokke, eine Distelart und mit seinem gebleichten Stengel ähnlich der Bleichsellerie. Meist muss man, nachdem man das gerüstete Gemüse in Essigwasser aufgekocht hat, noch nachschälen. Eine Sauce Hollandaise passt dazu. Und Madeira.

Kefen

Zuckererbsen werden in der Schweiz Kefen genannt. Man kennt sie auch als Kaiserschoten. Im Unterschied zu den Erbsen werden sie mitsamt der Hülse zubereitet. Das zarte Gemüse hat nur eine kurze Saison (Mai bis Juli). Sein Qualitätsmerkmal: Kefen sind fingerlang und gleichmässig grün, nicht fleckig; frisch lassen sie sich leicht brechen, alt sind sie biegsam, lahm und zäh. Grosse Kefen kann man vor dem Entfädeln erst in Salzwasser abkochen.

Der feine Geschmack der Kefen erträgt höchstens etwas Zwiebel und Petersilie zum Andämpfen und als Gewürz neben Salz eine Prise Zucker, Muskat und etwas Bohnenkraut.

Kohl

Der Kabis (Weisskohl) zählt ebenso dazu wie der Wirsing, der Rotkohl, den wir Blaukraut nennen, der Chinakohl, der Federkohl (Grünkohl). Weisskohl ist gross, rund, fest und wird, wenn man ihn für Salat verwendet, erst überwellt in Wasser oder übergossen mit kochender Gemüsebouillon und bestreut mit Kümmel, der Verdaulichkeit wegen. Wenn man den Salat warm serviert, kann man den Kabis erst in Zwiebeln andämpfen und mit heisser Gemüsebouillon ablöschen.
Beim Wirsing, auch Welschkohl, Savoyer Kohl genannt, sind die Blätter wellig und gekraust, dunkelgrün bis hell. Der Federkohl wiederum hat dunkelgrüne, gekrauste Blätter und verfügt über einen ausgeprägten Kohlgeschmack. Mit Brotwürfelchen ergibt er ein besonders schmackhaftes Süppchen. Als Gemüse dämpft man ihn wie Wirsing mit Zwiebeln und löscht ab mit Bouillon. Von Vorteil ist es, wenn der Kohl einen oder zwei Fröste erlebt hat.
Was oft vergessen wird: Kohl ist, wenn man ihn nicht mit nahrhaften Füllungen allzusehr stopft, kalorienarm, reich an Vitamin A und C. Kabis (Weisskohl) wird zu Sauerkraut verarbeitet.
Ergänzungen zu Kohl sind Pilze (als Füllung in Rouladen) und Tomaten in der Form von Tomatensauce.

Kohlrabi

Am besten schmecken Kohlrabi, die ebenfalls zum Kohlgemüse zählen, wenn sie mittelgross sind. Zarte verarbeitet man, ohne sie zu schälen. Wenn man sie schält, so von unten her; holzige, harte Stellen werden entfernt
Kohlrabi serviert man – in Scheiben oder Stifte geschnitten als Gemüse oder mit einer Sauce Béchamel gratiniert. Man kann sie auch füllen (fleischlos mit gehackten Kräutern,

mit Käse) oder roh als Salat reichen. Dabei fällt auf, dass die Kohlrabi, sobald sie mit der Salatsauce vermischt werden, wie gekocht schmecken. Ich mache sie mit Nuss- oder Maiskeimöl an.
Petersilie, Borretsch, Majoran sind Kräuter, die Kohlrabi ergänzen, und an Gewürzen tut eine Spur Muskatnuss gut.

Kopfsalat

Seines Nitratgehalts wegen hat vor allem der winterliche Kopfsalat aus dem Treibhaus viel an seiner Beliebtheit verloren. Salat aus Freilandkulturen wird angereichert mit Radieschen, Rüben (Möhren), die darüber geraffelt werden, mit Kresse und Eiern. Als Vorspeise kann man die inneren Blätter ähnlich wie beim Eisbergsalat in Viertel schneiden. Saucen der verschiedensten Art passen zu Kopfsalat.
Als Gemüse kann man Kopfsalat dämpfen wie Lattich.

Krautstiele

Viele Verwendungsmöglichkeiten bieten Krautstiele nicht, doch was daraus zubereitet wird, schmeckt gut, da anders. Zudem ist das Gemüse kalorienarm. Krautstiele müssen gut gewaschen werden. Man entfernt die Blätter und bewahrt sie auf. Die Stiele werden, nachdem man sie unten etwas abgeschnitten hat, geschält und in ca. 5 cm lange Stücke geschnitten. Man dämpft sie in Butter und gehackter Schalotte oder kocht sie in Salzwasser. Beliebt ist die Zubereitung in Form eines Gratins oder übergossen mit brauner Butter. Die Blätter verwendet man ähnlich wie Spinat, beispielsweise für Wähen (Kuchen).

Kresse

Es gibt sie als Garten- und als Brunnenkresse. Gartenkresse kaufen wir meist in kleinen Schachteln, so dass man die aus dem Samen getriebenen Sprossen mit den Keimblättern abschneiden kann. Gartenkresse ist schärfer als Brunnenkresse, die vor allem für feine Gerichte verwendet wird. Ein Problem ist das Waschen: Die Kresse wird verlesen, bei

der Brunnenkresse schneidet man die Würzelchen ab, bei der Gartenkresse die gelben Blättchen und die zu langen Stiele, welche Bitterstoffe enthalten. Nicht beirren lassen darf man sich durch die braunen Punkte: es handelt sich dabei nicht um Sand, sondern um Samen. Man gibt die Kresse in gesalzenes kaltes Wasser und spült eventuell nach, bevor man sie locker herausnimmt und auf einem Tuch oder auf Küchenpapier abtropfen lässt. Kresse dient vorwiegend als Garnitur oder für Salat (ich schlage halb Garten-, halb Brunnenkresse vor), dann auch für Suppen und Saucen. Sogar Püree mache ich daraus (und serviere es beispielsweise zu Lamm).
Zu Kresse passt Ei.

Kürbis

Bei Kürbis ist die Zubereitungsart ähnlich wie bei Gurken und Zucchetti: Sie werden geschält und in 2 cm dicke Stengel geschnitten, die man in mildem Salzwasser kocht. Kürbis lässt sich auch als Küchlein auftischen, gefüllt oder süsssauer. Er verträgt sich gut mit Mandeln und gerösteter Zwiebel (oder Speck). Roh kann man Kürbis nicht verwenden, deshalb gibt es ihn nicht als Salat.

Lattich

Beim Einkauf sollten Sie darauf achten, dass die Lattichköpfe schon fest und die Blattrippen brüchig sind. Sie entfernen die äusseren groben Blätter und schneiden etwas vom Strunk ab. Grosse Köpfe können Sie der Länge nach vom Strunk her halbieren. Zum Sieden eignet sich eine längliche Pfanne und das Wasser sollte das Gemüse bedekken. Ist der Lattich gar, heben Sie ihn mit der Schaumkelle heraus und lassen ihn abtropfen. In Öl gedämpft wird Lattich auch in der chinesischen Küche verwendet, hierzulande dienen seine Blätter meist zum Umhüllen von anderen Gemüsen (oder Fisch und Fleisch). Ich mache auch Püree daraus. Tomaten passen geschmacklich zu Lattich, man kann ihn sogar zusammen mit Tomaten kochen.

Lauch

Die ganzjährige Gemüsepflanze, auch Porree genannt, ist als gebleichter, milder Gemüselauch und als schärferer grüner Suppenlauch auf dem Markt, wobei auch Suppenlauch gelegentlich als Gemüse verwendet werden kann. Sie entfernen die äusseren groben Blätter (sie lassen sich für Gemüsefond gebrauchen) und schneiden die Lauchstangen in fingerlange Stücke, die Sie der Länge nach halbieren, damit Sie den Lauch möglichst sorgfältig waschen können, ohne dass er auseinanderfällt. Dann kochen Sie ihn in leicht gesalzenem Wasser lagenweise weich. Sein volles Aroma entwickelt der Lauch, wenn man ihn über Dampf im Vapeur gart.
Lauch erlaubt eine Vielzahl von Kombinationen: Man kann ihn preisgünstig servieren zusammen mit Kartoffeln oder aber exklusiv mit schwarzen Trüffeln, man kann ihn knakkig kochen oder aber sehr lang, so dass er zu Mus wird. Wir servieren es als Lauchfondue zu Perlhuhnbrust oder verwenden es als Füllung für Ravioli oder Crêpes. Gut ist Lauch in Suppeneintöpfen, als Belag von Wähen (Kuchen), als Gratin. Oder lauwarm als Salat, mit Nussölsauce angemacht, und roh fein geschnitten, vermischt mit Kopf- oder Kartoffelsalat.

Löwenzahn

Er gehört zu den ersten frischen Frühlingssalaten, wird im April ausgestochen, bevor der Löwenzahn Blüten bildet. Allerdings muss man ihn ganz jung geniessen, sonst schmeckt er bitter. Als Salat lässt er sich gern mischen, zum Beispiel mit Kartoffelsalat. Im Sommer folgen unserem einheimischen Löwenzahn die italienischen Arten: Catalogna und Lattughino.

Mangold

Mangold bereitet man wie Spinat zu, doch werden zuvor die dicken Blattrippen entfernt. Er schmeckt schärfer als Spinat und bietet deshalb eine Abwechslung dazu. Mangold passt eher zu rustikalen Gerichten; jung lässt er sich, in Streifen geschnitten, auch als Salat verwenden. Geschmacklich gehören geröstete Zwiebelstreifen dazu, mit denen man den Mangold überstreut, auch Knoblauch, Käse (bei Gratins) und, wenn es nicht vegetarisch sein muss, Speck.

Navets

Mairübchen nennt man sie auch, die weissen Rüben, die vor allem in der französischen Küche Verwendung finden. Aussen sind sie weiss bis leicht rosa und prall; schwammige und grosse sollten Sie meiden. Navets werden jung zubereitet, meist in der rustikalen Küche gebraucht, als Bestandteil von Eintöpfen.

Nüsslisalat

Feldsalat heisst er auch, Ackeraroma, Rapunzel. Die Wildpflanze enthält viel Vitamin A und die Blätter sollten schön grün und nicht zu gross sein. Sie eignen sich ausschliesslich für Salat, den man anmacht mit Nussöl und Balsamico-Essig.
Gehacktes Ei und geröstete Brot-Croûtons ergänzen den Nussgeschmack.

Peperoni (Paprika)

Ursprünglich sind sie alle grün, dann werden sie rot, darauf gelb. Grüne Peperoni verwende ich nicht, weil sie, da unausgereift, eher bitter schmecken und herb. Am besten finde ich die roten, sie sind, ähnlich wie die schmalen spanischen, scharf und süsslich. Wenn sie zu scharf schmecken, kann man sie schälen. Ich selbst verwende prinzipiell nur geschälte Peperoni, schon weil die wachsartige Haut vielen Beschwerden verursacht. Dabei genügt es meiner Erfahrung nach nicht, dass man die Paprika – übrigens ein Nachtschattengewächs – erst in heisses Wasser eintaucht. Ich bepinsele sie mit Olivenöl und belasse sie im Backofen (bei

200 °C), bis sie braun sind. Dann schrecke ich sie mit kaltem Wasser ab, ziehe die Haut ab und entferne die Kerne, welche die Schärfe enthalten.
Peperoni lassen sich als Gemüse (Peperonata) zubereiten, man kombiniert sie mit Zucchetti, Tomaten, Auberginen, Zwiebeln zu Ratatouille oder verwendet sie für andere südländische Gerichte. Oder aber man füllt sie, beispielsweise mit Eierschwämmchen oder Risotto. Auch sauer-süss einlegen kann man sie, ein Süppchen daraus zubereiten, einen Salat anmachen: mit Olivenöl und Balsamico-Essig. Dekorativ schliesslich ist zweifarbige Peperoni-Mousseline, die man zu kräftigen Hauptgerichten auftischt. Zugegeben, die Vorbereitungen brauchen Zeit, doch lohnt es sich in diesem Fall, denn die Peperoni enthalten besonders viel Vitamin A.

Petersilie

Aus dem Küchenkraut lässt sich auch ein Gemüse machen, allerdings braucht man dafür eine grosse Menge. Ich mische grobblättrige mit krauser Petersilie und bereite daraus Püree und Suppe zu, wahre Vitaminstösse in den Wintermonaten. Auch Mousselines können Sie aus Petersilie herstellen.
Die viel bedeutendere Rolle spielt Petersilie jedoch als Gewürz und Geschmacksträger mit den wohl vielseitigsten Verwendungsmöglichkeiten. Wichtig ist sie vor allem in Pilzgerichten.

Radieschen

Am besten schmecken sie, frisch gepflückt und gewaschen, wenn man sie von Hand isst. Radieschen sind aber auch ein eherner Bestandteil vieler Salate und eine unentbehrliche Garnitur. Ich serviere sie manchmal, mit ein paar Tropfen Himbeeressig angemacht, auch als eigenständigen Salat und sogar (zu Milken und Kalbfleisch) als Gemüse: Die gedämpften Radieschen werden mit Himbeeressig abgelöscht und mit Rahm verfeinert.

Randen

Rote Bete nennt man sie in Deutschland, auch rote Rüben. Roh oder gekocht werden sie als Salat zubereitet, angemacht mit Rotweinessig oder Nussölsauce, mit Zwiebel und Petersilie, auch Nüsse schmecken gut dazu. Verwendet man die Randen als Gemüsebeilage, so würzt man mit Dill, kocht man sie als Suppe – Borschtsch, die russische Spezialität – mit Essiggurke.

Rettich

Den Radi, wie Rettich auch heisst, gibt es rund und länglich, aussen weiss, rötlich oder schwärzlich. Seltener wird er als Gemüse gedämpft oder im Vapeur-Gerät gegart und zusammen mit anderen Gemüsen serviert. Häufiger isst man ihn einfach mit Salz bestreut oder als Salat oder Bestandteil von Salaten: Tomaten-, Gurken-, Kartoffelsalat passen gut zu Rettich, den man statt hobeln auch reiben kann.

Rosenkohl

Brüsseler Sprossen – eine andere Bezeichnung für Rosenkohl – haben die Eigenschaft, dass sie durch den Frost zarter werden, auch schmackhafter und leichter verdaulich. Man bereitet sie zu als Gemüse, Gratin, Püree, vielleicht auch Suppe, indem man einer Gemüsebouillon gekochte zarte Rosenkohlblättchen beigibt. Gerüstet wird Rosenkohl, indem man die äusseren, oft fleckigen Blättchen entfernt, den Strunk etwas kürzt und die Röschen unten kreuzförmig einschneidet. Nach dem Blanchieren würzt man mit Salz, Pfeffer sowie frisch geriebener Muskatnuss und schwenkt den Rosenkohl in etwas gebräunter Butter. Sie können ihn aber auch gratinieren, indem Sie ihn mit Käse und Butterflöckchen bestreuen und überbacken. Zu Rosenkohl passen Kartoffeln, Kastanien, Käse, Petersilie als Gewürzkraut, Brösmeli (Brösel), Rumrosinen.

Rüben

Rübeli heissen sie eigentlich in der Schweiz, Möhren oder gelbe Rüben in Deutschland. Haben sie eine runde Form, bezeichnet man sie als Karotten. Im Vorfrühling gehören sie zum ersten Freilandgemüse und werden samt Kraut angeboten. Am natürlichsten schmecken sie, wenn wir die zarten Rüebli über Dampf im Vapeur garen, in Butter wenden, salzen und eine Prise Zucker beigeben. Im Winter können Sie die Rüben blanchieren oder in Butter dämpfen und ablöschen, in Anlehnung an die Rübchen à la Vichy vielleicht mit Mineralwasser. Eine Prise Zucker hebt den Geschmack, und das Karotin – Rüben besitzen es in hohem Masse – wird durch die Zugabe von Fett in Vitamin A umgewandelt. Rübensalat – roh oder gekocht – mache ich gern mit einer Joghurt-Rahm-Sauce an, auch eine Mayonnaisesauce eignet sich, und als Beigabe empfehlen sich Nüsse, Petersilie, Kerbel, Schaumsüppchen aus Rüebli schmecke ich mit pikantem grünen Pfeffer ab.

Sauerampfer

Das starke Gewürzkraut wird meist in Salatsaucen verwendet, wenn es jung und zart ist auch für Saucen und Suppen und, mit Rüben (Möhren) vermischt, als Salat. Sauerampfer ist auch Bestandteil von Mesculum, der Kräutermischung aus der Provence.

Sauerkraut

Es wird aus Weisskohl (Kabis) hergestellt und roh auch als Salat zubereitet, zusammen mit Äpfeln, an der Röstiraffel gerieben, Zwiebeln, eventuell Orangen. Schmeckt das Sauerkraut zu salzig oder zu sauer, kann man es wässern, indem man es überbraust. Gekocht wird Sauerkraut mit geviertelten Äpfeln, Wacholderbeeren, Zwiebeln, Kümmel. Man bindet mit Kartoffel, löscht ab mit Weisswein – wenn es luxuriös sein darf mit Champagner – und Rahm. Ähnlich dem Rotkraut schmeckt auch das Sauerkraut aufgewärmt besser.

Schwarzwurzeln

Dieser Winterspargel steht im Ruf, leicht verdaulich zu sein – und mühsam zu schälen. Am besten ziehen Sie Handschuhe an, wenn Sie die Schwarzwurzeln unter fliessendem Wasser bürsten. Dem Salzwasser, in dem Sie sie blanchieren, können Sie etwas Milch beigeben. Schwarzwurzelabfälle dienen für Suppen, eventuell kann man sie, wie die Spargelschalen, auch dörren. Zu gedünsteten Schwarzwurzeln passen Erbsen und Rüben (Möhren).

Sellerie

Zu unterscheiden ist zwischen der Knollen- und der Bleich- oder Stangensellerie. Aus der Knollensellerie kann man, püriert, Suppe zubereiten, Saft, Gemüse und Salat, letzteren aus roher wie aus gekochter Sellerie, angereichert mit Äpfeln, Ananas und Nüssen und angemacht mit einer Mayonnaise. Zitronensaft verhindert, dass Sellerie schwarz anläuft. Sommersellerie ohne Knollen dient uns mit den Blättern; sie werden feingeschnitten und mit der Salatsauce vermischt oder finden als Gewürzkraut Verwendung. Gekochte Selleriescheiben werden meist mit Käse bestreut und überbacken. Bleich- oder Stangensellerie hat straff zu sein, gelb-weiss; die Blätter können Sie für Suppe gebrauchen oder, feingeschnitten, beispielsweise mit Kartoffelsalat vermengen. Stangensellerie lässt sich ebenfalls gratinieren oder aber in Tomatenmus kochen. In Spanien wird daraus ein erfrischender Salat zubereitet, indem man die geschälte, in Stücke geschnittene Bleichsellerie mit Salz bestreut, mit Olivenöl beträufelt, mit Orangenscheiben vermischt und einige Zeit stehenlässt.

Soja

Sojasprossen – Keimlinge aus der grünen Sojabohne – müssen rasch verwendet und vor allem gleich aus der Verpakkung genommen werden. Man putzt sie, indem man sie überbraust und dann gut abtropfen lässt. Aus rohen Sprossen können Sie einen Salat anmachen (mit Nussöl und Sojasauce), aus gekochten ergibt sich ein leichtes Gemüse, das viel pflanzliches Eiweiss enthält. Man kann Soja im Vapeur garen oder dämpfen, würzen mit Salz, Pfeffer, Sojasauce und Tabasco. Kocht man die Sprossen im Dampf, darf man nachher etwas Butter zugeben. Sojasprossen eignen sich ausgezeichnet als Füllung von Crêpes, sie schmecken auch gut in Verbindung mit Tomaten-Concassé.

Spargel

Spargel gibt es grün und weiss. Grüne Spargel haben einen ausgeprägteren, nussartigen Geschmack und den Vorteil, dass man sie nicht zu schälen braucht. Beim Kochen ist darauf zu achten, dass der Spargel nicht zu weich wird, die Köpfchen nicht hängen lässt. Eine Prise Zucker mildert, etwas Butter macht weich. Aus dem Spargelwasser können Sie eine Suppe bereiten, doch müssen Sie darauf achten, dass der Sud nicht bitter schmeckt. Für Suppen verwenden lassen sich auch die Spargelabschnitte, sogar die Spargelschalen, die gedörrt werden können. Grüne Spargel kann man auch pürieren, indem man sie nach dem Zerkleinern im Mixer zusätzlich durch ein Sieb streicht. Da die Spargel selbst wenig Eigengeschmack besitzen, fordern sie zu zahlreichen Arten der Zubereitung und Beigaben in Form von Saucen heraus, was meiner Meinung nach oft zu Exzessen führt.

Spinat

Spinat ist insofern ideal, als es ihn das ganze Jahr über gibt. Der italienische Winterspinat sieht zwar grob aus, hat aber einen guten Geschmack. Allerdings genügt es nicht, ihn zu überwellen. Sie müssen ihn, nach dem Waschen, andämpfen und im eigenen Saft knapp garen. Gewürzt wird mit Salz, Pfeffer und Muskat. Eine beliebte Kombination sind Spiegeleier, feiner in der Form von Wachteleiern.
Spinatsüppchen kann man mit Pinienkernen ergänzen. Spinat eignet sich auch gut für Füllungen und, roh und zart, als Salat, den man mit anderen Salaten vermischt.

Tomaten

Neben Kartoffeln sind Tomaten das wohl vielseitigste Gemüse. Ihre Zubereitungsarten reichen vom Tomatensalat über die Tomatensauce bis zur Konfitüre aus grünen Tomaten. Es gibt Tomaten in der runden, fleischigen Form, klein und zierlich als Cherry- oder Cocktailtomaten, länglich als Pelati. Für feine Gerichte schäle ich die Tomaten immer, aber nicht, wenn ich sie nach dem Kochen passiere. Füllen kann man die Tomaten mit Kräutern, Käse, Bröseln, Pilzen, Rührei usw. Von den Kräutern passen geschmacklich am besten Basilikum oder Petersilie dazu, dann aber auch alle südländischen Kräuter wie Thymian, Oregano und Majoran, ferner Zwiebeln und Knoblauch. Tomatensalat bereite ich mit Rotweinessig zu, da er milder ist.

Zucchetti

Wir kennen Zucchetti in drei Arten: Als Blüten am Stiel, günstig zum Füllen, beispielsweise mit Pilzen oder mit Kräutern (Petersilie, Kerbel, Estragon, Majoran, Thymian), als junges Gemüse (Zucchini), das sich samt Schale und Kernen verwenden lässt und sich auch für Salat eignet oder als Sockel für Füllungen, und schliesslich ausgewachsen, so dass man die Zucchetti schälen und die Kerne entfernen muss. In dieser Form werden sie meist für rustikale Gerichte (weniger feines Ratatouille) oder für Suppe verwendet.
Partner von Zucchetti sind Tomaten, Auberginen, Peperoni, Zwiebel und Knoblauch, Käse auch, wenn sie überbakken werden oder braune Butter, wenn man sie damit übergiesst. Zucchettisalat wird gleich zubereitet wie Gurkensalat.

Zwiebeln

Rund, mit gelber Schale, kennen wir die Zwiebel als Gewürzgemüse schlechthin, als eine der Universalzutaten in jeder Küche. Die Rezepte, welche Zwiebeln erwähnen, sind nicht aufzuzählen. Wenn sie aus unseren Landen stammen,

haben sie einen herberen Geschmack, als wenn sie aus Italien oder Spanien importiert werden, wo die Zwiebeln süsslicher schmecken. Man unterscheidet Zwiebeln nach Form und Farbe, die gleichzeitig auch etwas über ihren Schärfegrad aussagen. Die Frühlingszwiebel mit Kraut, auch Lauch- oder Grünzwiebel genannt, hat ein mildes, feines Aroma. Roh geschnitten mische ich sie unter den Salat; ich verwende sie auch als Gemüsebeilage.
Ebenfalls als Salatzwiebel geeignet sind die von roter Farbe, die sich im Sommer und Herbst auf dem Markt finden und ein mildes, würziges Aroma haben. Die kleinen Perlzwiebeln werden meist für Schmorgerichte oder als Gemüse verwendet, wobei sie dann ganz gekocht werden.
Als schärfste unter den Zwiebeln gelten die violetten. Violett sind auch die edelsten Verwandten der Zwiebel: die Schalotten, die überall dort zum Zuge kommen, wo der Zwiebelgeschmack nur unterschwellig sein soll. Ihr Aroma ist zwar schärfer, doch viel feiner als das gewöhnlicher Zwiebeln; und die französische Küche, die sich ihrer mit Leidenschaft bedient, kombiniert ihren Geschmack gern mit dem der Butter, des Weins, des Rahms (Sahne). Mit der Zwiebel verwandt ist auch der Zwiebelgeschmack gebende Schnittlauch, ferner der Lauch, den Zwiebelgegner millimeterdünn schneiden und als Zwiebelersatz für Salate verwenden. Eine andere Art, Zwiebelgeschmack zu mildern, besteht darin, das Gewürzgemüse an der Bircherraffel zu raffeln oder Zwiebelsalz zu verwenden. Gegner – aber auch heftige Befürworter – hat auch der Knoblauch, der rustikale Verwandte der Zwiebel.
Zwiebeln schneidet man so perfekt: Man schält sie, halbiert sie, dreht den Wurzelansatz gegen die Hand und schneidet mit einem scharfen Messer fünf- bis sechsmal quer durch bis knapp zum Wurzelansatz. Dann von der Längsseite möglichst feine Einschnitte bis kurz vor den Wurzelansatz schneiden. Die eingeschnittene Zwiebel quer in feine Würfel hacken und diese dann in noch feinere Stücke zerkleinern. Gröber schneiden dürfen wir die Zwiebeln, wenn wir sie nachher länger kochen oder später passieren. Niemals

soll man gehackte Zwiebeln längere Zeit stehenlassen, denn so verdunsten die ätherischen Öle.
Beim Andämpfen entwickeln Zwiebeln und Schalotten ein intensives Eigenaroma. Allerdings dürfen sie die Farbe nicht verändern, sondern nur glasig werden; zu stark gebräunte Zwiebeln schmecken bitter.

Gemüse — Vom Einkauf über die Zubereitung bis zur Resteverwertung

Einkauf

Am idealsten wäre es, Gemüse im eigenen Garten zu pflanzen. Da weiss man, was man hat. Oder wenigstens: wie es gedüngt wurde. Und man kann das Gemüse zum richtigen Zeitpunkt ernten, nicht zu jung, wenn es seinen Geschmack noch nicht voll entwickelt hat, aber auch nicht zu spät, wenn es trocken ist, zäh. Voll im Saft zu sein, scheint mir besonders bei Tomaten, Kefen (Zuckerschoten), Bohnen, Zucchetti wichtig. Sie sind so zarter, feiner. Wer einen Garten hat, wird auch konservieren wollen. Wenn schon, so finde ich das Tiefgefrieren am sinnvollsten.
Für Nicht-Gartenbesitzer ideal ist der Gemüsemarkt, vor allem, wenn man seine Bauersfrau, seinen Händler kennt. Zwar handeln viele Marktfahrer längst nicht mehr nur mit eigenen Produkten; im Unterschied zur abgepackten Ware im Laden hat man jedoch die Möglichkeit, das Gemüse zu prüfen, Wünsche anzubringen, die benötigte Menge zu bestimmen. Man kann den Gemüsehändler zur Vertrauensperson machen — auch im Laden, in dem man einzukaufen gezwungen ist, weil mancherorts ja auch die Gelegenheit zum Marktbesuch fehlt. Es gibt Spezialgeschäfte, wo der Kunde noch wünschen darf …
Wer viel oder immer vegetarisch kocht, entwickelt zum Gemüsehändler ein ähnliches Verhältnis wie die Gourmets unter den Fleischessern zum Metzger. Man erklärt ihm, wel-

ches Gericht aus dem Gemüse werden soll. Meiner Erfahrung nach rechtfertigen die meisten dieses Vertrauen.
Beim Einkauf sollten Sie grundsätzlich unterscheiden zwischen Gemüse, die längere Zeit frisch bleiben und anderen, die sich nur kurz halten. Wenn Gemüse rasch zusammenfällt – z.B. Kopfsalat, Spinat, Kresse –, so geschieht es des hohen Wassergehalts wegen. Der Trick, welkes Gemüse zu beleben, indem man es in gesalzenes Wasser legt, verfängt nicht immer, nicht, wenn die Gemüse zart sind.
Wasserhaltiges Gemüse (Gurken sind eine Ausnahme) rate ich Ihnen deshalb, nur in kleinen Mengen einzukaufen. Allerdings sollten Sie bedenken, dass es – da das Gemüse stark zusammenfällt – volumenmässig viel braucht. Ich habe diesem Umstand in den Zutatenangaben dieses Buches Rechnung getragen und, wo nötig, sowohl das Netto- als auch das Bruttogewicht genannt.

Vorräte

Gut im Vorrat halten lassen sich Wintergemüse, wie Kohl, Rüben (Möhren), Knollengemüse, Lauch, dann auch Zwiebeln, Knoblauch; mittelfristig haltbar sind Tomaten, Gurken, Bleichsellerie, Zuchtchampignons, so dass man sie einmal in der Woche einkaufen und zwischendurch ergänzen kann mit aktuellen Frischprodukten. Meine Erfahrung: Am Montag, teilweise auch am Dienstag, ist auch Frischgemüse nicht mehr überall in den Läden frisch …

Lagern

Um mein Frischgemüse zu lagern, bediene ich mich im Restaurant und in der Kochschule eines speziellen Kühlschranks mit Feuchtigkeitszufuhr, den es auch für Privathaushalte gibt (»Forster Longfresh«). Er hat sich von allen Systemen am besten bewährt.
Ideal wäre ein Keller mit Naturboden, doch sind sie heute sehr rar, so selten wie die früher üblichen Speisekammern. Ich empfehle deshalb, Frischgemüse in der Gemüseschublade des Kühlschranks aufzubewahren, weniger empfindli-

che Gemüse in einem offenen, luftdurchlässigen Gestell, geschützt vor Licht und Wärme und so angebracht, dass man es laufend kontrollieren kann. Wer einen Garten hat, belässt Wintergemüse möglichst lange darin. Rosenkohl beispielsweise schmeckt am besten nach dem ersten Frost. Eingelagert wird Gemüse so, wie Sie es kaufen, d.h. ohne es zu säubern. Die Erde hält es feuchter, frischer.

Rüsten

Gründlicher denn je verlangt das den Umweltbelastungen ausgesetzte Gemüse, gewaschen zu werden. Man weiss, dass sich wenigstens ein Teil der Schadstoffe auf diese Weise entfernen lässt. Das Waschen geschieht im – manchmal fliessenden – kalten Wasser und je nachdem mit einer Bürste. Blumenkohl, Knollengemüse wie Sellerie oder Rüben und Lauch säubere ich mit Hilfe von Salzwasser. Zuvor werden welke, verfärbte Teile weggeschnitten. Überlegen Sie, was sich eventuell weiterverwenden lässt. Ich denke z.B. an die Stiele und Blätter des Broccoli, aus denen Sie ein Süppchen bereiten können. Gemüseabschnitte in grösseren Mengen – auch Zwiebelschalen – können Sie für einen Gemüsefond verwenden.
Wasserlösliche Vitamine (z.B. Vitamin A und C) werden durch das Waschen ausgelaugt. Sie dürfen das Gemüse (oder Obst), das sie enthält, deshalb nicht vor dem Waschen zerkleinern.
Welches Gemüse (oder Obst) kocht man mit, welches ohne Schale? Diese Frage heute zu beantworten ist nicht mehr so leicht, denn es kommt auf die Schadstoffbelastung an, deren Ausmass uns ja meist unbekannt ist. Ich versuche, einen vernünftigen Mittelweg zu finden. Da Sellerie den Geschmack besser behält, weniger anläuft und weniger Abfall ergibt, koche ich ihn samt Schale in Salzwasser und schäle ihn erst danach. Dasselbe mache ich mit den Rüben (Möhren), wo sich ein guter Teil der Vitamine und Mineralsalze direkt unter der Schale befindet. Wie erwähnt: Es ist in unserer Zeit schwierig zu entscheiden zwischen den Vorzügen

der Vitamine und Mineralsalze und den Nachteilen der Schadstoffe. Nach wie vor Gültigkeit jedoch hat die Regel: Geschnittenes Gemüse darf man nicht im Wasser liegenlassen – licht- und sauerstoffempfindliche Vitamine müssen abgedeckt werden.

Schnittarten

Eine klassische Schnittart ist die *Julienne.* Man versteht darunter grobe bis sehr feine Streifchen. In Julienne geschnitten werden Zucchini, Kohlrabi, Rüben (Möhren), Lauch, Randen usw. In Julienne geschnittenes Gemüse verwendet man für Suppen, Salate und als Garnitur.
Baguette sind kantige Stengelchen, z. B. für Pommes frites.
Die *Brunoise* besteht aus grösseren oder kleineren Würfeln oder Rauten, die sich aus Baguette oder Julienne schneiden lassen. Ganz fein geschnitten dient die Brunoise als Suppeneinlage oder für Saucen.
Die einfachste Schnittform ist die *Scheibe,* sie ist die Basis für andere Schnittformen. Die Dicke hängt von der Verwendungsart ab. Wenn man Gemüse in eine gleichmässige Form bringen will, wendet man das *Tournieren* an. Mit sechs Schnitten wird das Gemüse in eine Spindelform gebracht; geeignet dafür sind Rüben (Möhren), Gurken, Kartoffeln, Kohlrabi, Zucchini.
Kugeln erhalten wir mit einem speziellen Ausstecher. Diese Form ist beliebt bei Kartoffeln, Melonen, Zucchini, Rüben (aus dem Abfall lässt sich ein Püreesüppchen machen).
Für Salate und als Garnitur verwenden lässt sich geraspeltes Gemüse, von feingeraspelten Rüben bis zum grobgeraspelten Rettich oder Kartoffeln für Rösti.
Schliesslich gibt es auch Formen, die sich *Buntschnitt* nennen und mit Spezialmessern entstehen oder mit Hilfe von Schneidegeräten, wie sie heute in einer Vielzahl auf dem Markt sind. Am beliebtesten scheint die Waffelform für Gemüse, das dekorativ wirken soll.

Zubereitungsarten

Fast alle Zubereitungsarten eignen sich auch für das Gemüse. Die zweifellos schonungsvollste ist das *Garen im Dampf,* denn es werden dabei Vitamine und Mineralstoffe geschont, man braucht kein Fett, was für die Diätküche wichtig sein kann, und das Gemüse behält sein Aroma. Das Garen im Dampf kommt den Ansprüchen der leichten Küche entgegen.

Das Dampfgaren kann in einer Pfanne mit Siebeinsatz, im Dampfkochtopf oder im Vapeur geschehen; bei letzterem handelt es sich um ein eigenständiges Gerät mit unten einem Behälter für Wasser oder Fond und oben zwei Siebeinsätzen aus Chromstrahl. Ein grosser Vorteil des Vapeurs (eigentlich »Dampf«) besteht darin, dass der Kochprozess gut überwacht werden kann. Die Gemüse (auch Fisch, Geflügel, Fleisch) behalten ihren Geschmack nicht nur, sondern er wird sogar intensiviert. Allerdings setzt dies vollkommen frische Produkte voraus, denn auch die negativen Eigenschaften werden durch das Dampfgaren betont. Einige Gemüse, so habe ich die Erfahrung gemacht, eignen sich weniger für das Garen im Vapeur, z.B. kleine, feine Bohnen, die ich deshalb in wenig Salzwasser siede.

Das Eigenaroma bleibt auch erhalten bei Gemüse, das wir *im eigenen Saft dämpfen,* denn es wird – ähnlich wie beim Dampfkochen – nicht verwässert. In der Regel werden zum Andämpfen Fettstoffe gebraucht; ich verwende ausschliesslich Butter, weil kein anderer Fettstoff dem Eigengeschmack des Gemüses so entgegenkommt. Ausnahmen sind ausländische Spezialitäten, die z.B. Olivenöl verlangen. Wichtig beim Garen in eigener Flüssigkeit: Es hat langsam und bei tiefen Temperaturen zu geschehen, denn bei zu hohen verdampft die eigene Flüssigkeit und man müsste mit fremder nachhelfen.

Beim *Dämpfen oder Dünsten in fremder Flüssigkeit* wird das Gemüse – oft zusammen mit Fettstoff – bei mittlerer Temperatur erhitzt, so dass es seine eigenen Aromastoffe entwickeln kann. Es darf wahrnehmbar duften, sollte jedoch seine Farbe nicht verändern, bevor man es ablöscht. Dies geschieht meist mit Gemüsebrühe (Bouillon); die Menge hängt davon ab, wie feucht das Gargut ist. Frisch geerntetes Gemüse benötigt weniger fremde Flüssigkeit als Lagergemüse. Als Regel können Sie sich merken: Das Gemüse soll angefeuchtet sein.

Beim *Blanchieren* wird das Gemüse kurz in kochendem Salzwasser gegart. Bei feinen Bohnen beispielsweise kann man schon nach fünf Minuten die erste Garprobe machen. Das Wasser wird immer erst aufgekocht, dann fügt man das Salz zu, darauf das Gemüse. Bei scharf schmeckendem Gemüse – z. B. Rosenkohl – verwendet man mehr Wasser als bei mildem. Das Gemüsekochwasser behält man zurück für Suppen und Saucen.

Die Kochmethode des *Pochierens* wird seltener angewandt, vielleicht bei sehr zartem Gemüse, das rasch weich wird, beispielsweise Broccoliröschen. Das Wasser darf in diesem Fall nicht sprudeln, man hält es knapp vor dem Siedepunkt. Der Garprozess dauert so etwas länger.

Häufiger finden sich *Gratin und Soufflé* unter den Zubereitungsarten für Gemüse. Für Soufflés wird das Gemüsepüree erst eingedickt, dann zieht man das steif geschlagene Eiweiss darunter. Erst auf dem Herd, dann im Ofen im Wasserbad lassen wir es aufgehen. Für Gratins verwenden wir meist vorgekochte Gemüse, die wir, einzeln oder gemischt, mit einer Sauce Mornay (Béchamel mit Käse) oder einer Sauce Velouté (gebundener Gemüsebouillon-Sauce) überziehen.

Das *Wasserbad* kommt zur Anwendung, wenn wir aus Gemüse Mousseline zubereiten, und das *Braisieren* etwa bei Lattich, den wir nach dem Kochen bündelweise mit heisser Butter (Speck) in den Ofen geben. Eher selten kommt es auch vor, dass Gemüse gebraten wird, und wenn wir es *schmoren oder rösten,* dann noch am ehesten als Beilage zu Fleisch (Schmorbraten, Kalbshaxen). *Grilliert* werden vor allem Tomaten und Peperoni, denkbar sind auch Zucchetti, Fenchel, Bleichsellerie.

Glasieren können Sie Gemüse, indem Sie Butter mit einer Prise Zucker erhitzen und es darin drehen.

Abschmecken

Ich empfehle, Gemüse am Anfang sanft zu würzen und es möglichst auch mit Kräutern zu versuchen. Denn Gemüse haben nicht nur viel Eigengeschmack, sie enthalten auch Mineralstoffe (Kalzium, Eisen, Phosphor, Jod, Kochsalz, Kalium). Und ein Gramm Salz bindet im Körper 100 Gramm Wasser! Wenn das Gemüse etwas fad sein sollte, können wir am Schluss nachwürzen.
Mit Butter können Sie verfeinern, wenn Gemüse einen herben Eigengeschmack hat. Butter mildert.
Für eine Prise Zucker dankbar sind Erbsen, Rüben (Möhren), Spargel, Tomaten, Blaukraut, eventuell Sauerkraut usw.
Bei der Zugabe von Kräutern müssen wir überlegen, ob sie Basiswürze sein wollen oder ob man den Eigengeschmack des einzelnen Krautes noch erkennen soll. Im Prinzip werden Kräuter, die dem Abschmecken dienen, nicht mitgekocht. Kurz mitkochen kann man Kerbel und Basilikum, etwas länger Petersilie und Estragon.

Präsentation

Es gibt verschiedene Möglichkeiten, Gemüse zu präsentieren, doch ist es nicht immer möglich, es auf eine sehr attraktive Weise zu tun. Ich denke da an Ratatouille, das – lange gekocht – bedeutend besser schmeckt, als es aussieht. Ein Ausweg wäre, es mit Kräutern zu bestreuen oder mit Käse zu überbacken.
Zweifellos am dekorativsten wirkt knackig gekochtes Gemüse, doch sollte man, so finde ich, in dieser Hinsicht nicht übertreiben und es einzig des Aussehens wegen halbroh auftischen. Sogar in pürierter Form kann Gemüse gut aussehen: Wenn Sie mit einem heissen Löffel Klösse ausstechen. Schön anzuschauen sind auch die aus ihren Förmchen gestürzten Gemüsemousselines und die appetitlich aufgegangenen Soufflés.
Was die Farben anbelangt, so sollten Sie auf natürliche Kontraste achten und darauf, dass die Gemüse auch geschmack-

lich harmonieren: Weisser Blumenkohl passt gut zu grünem Broccoli und Tomaten, Tomaten harmonieren auch mit Bohnen und Champignons. Farbtupfer im Salat geben Radiesli und Randen (rote Rüben), Nüsslisalat (Feldsalat) wirkt frisch mit gehacktem Ei. Zu vermeiden ist ein Nebeneinander verschiedener Geschmacksrichtungen, z.B. Randen neben Rosenkohl ...

Reste

Normal zubereitetes Gemüse kann meist problemlos weiterverwendet werden. Als erste Möglichkeit bieten sich pürierte Suppen an. Fast alles eignet sich dazu: Broccoli, Sellerie, Lauch, Spargel, Rüben (Möhren), Erbsen, ja sogar Ratatouille. Pürieren Sie nicht die ganze Menge, sondern behalten Sie etwas zurück, damit Sie das Gemüse grobgehackt als Einlage in das mit geschlagenem Rahm zubereitete Schaumsüppchen geben können. Hat man verschiedene Gemüsereste, kann man daraus eine gemischte Gemüsesuppe kochen. Sind es nur noch wenig Reste, schneidet man sie als Einlage für eine klare Gemüsebouillon.
Eine beliebte Art, Gemüsereste zu verwenden, ist der Gratin, den man mit einer Sauce Mornay (Béchamel mit Käse) oder einer Sauce Béchamel (weisse Sauce ohne Käse) überbäckt. Und ganz raffiniert wären Gemüsemousselines oder Gemüsesoufflés. Kein Mensch denkt da mehr an Reste ...

... und was in der fleischlosen Küche sonst noch Rang und Namen hat

Kartoffeln

Kartoffeln spielen in der vegetarischen Küche eine wesentliche, wenn nicht sogar die wichtigste Rolle. Einmal ihrer Vielseitigkeit wegen, wodurch sie sich mit den meisten Gemüsen kombinieren lässt, dann auch, weil man daraus fleischlose Gerichte in grosser Zahl zubereiten kann, und schliesslich, weil sie zu den wertvollsten Nahrungsmitteln überhaupt gehören; sie sind ideal in der Zusammensetzung und sehr kalorienarm: 100 Gramm Kartoffeln bringen nur 80 Kalorien (335 Joules). Voraussetzung, dass die Vitamine, Mineralstoffe und Spurenelemente der Kartoffel erhalten bleiben, ist die sachgerechte Behandlung beim Kochen: Geschält dürfen Kartoffeln nicht im Wasser liegenbleiben; rohe Kartoffeln sollte man nicht zu früh zerkleinern; man darf sie nicht verkochen lassen und gekochte Kartoffeln nicht zu lange warm halten. Am wenigsten Nährstoffe gehen bei den »Gschwellten« (Pellkartoffeln) verloren.
Von Bedeutung ist auch, wie Kartoffeln gelagert werden. Am besten ist es, wenn man sie lose auf einem Holzrost ausschüttet oder in Harassen (Lattenkisten) aufbewahrt; einen oder zwei Monate lang ertragen sie es auch in Säcken. Die Luft

im Keller sollte frisch und kühl sein, d.h. nicht unter 85% Luftfeuchtigkeit enthalten. Als ideale Temperatur gilt 4 bis 8°C. Bekommen sie mehr Wärme, so keimen sie, und die Vitamine bauen sich rascher ab; die Kartoffeln schrumpfen. Haben sie zu kalt, werden sie süsslich. Fritier-Kartoffeln, die unter 8°C gelagert werden, verfärben sich braun, weil sich die Stärke in Zucker umwandelt.
Kartoffeln müssen im Dunkeln gehalten werden. Licht lässt sie grün werden, d.h., es bildet sich Solanin, das Gift der Nachtschattengewächse.
Es gibt kaum eine Kulturpflanze, die so reich an Sorten ist wie die Kartoffel. Diese Sorten sind von Land zu Land verschieden, tragen auch unterschiedliche Bezeichnungen. International kann man sie deshalb in die Kochtypen einordnen, die besagen, welche Kartoffel sich zu welchem Gericht eignet, wobei leichte Abweichungen nicht ausgeschlossen sind.
Kochtyp A: Eine feste Kartoffel, die auch bei längerem Kochen nicht zerfällt. Feuchtes, glattes, schnittfestes Fleisch, nicht mehlig. Ideal für Kartoffelsalat, Salzkartoffeln, Schalenkartoffeln. Gut geeignet für Bratkartoffeln (roh), Kartoffelsuppe.
Kochtyp B: Bei dieser Kartoffel springt die Schale gern auf, doch bleibt das Fleisch dabei im allgemeinen fest. Sie ist schwach mehlig. Ideal für Rösti, Bratkartoffeln. Gut geeignet für Schalenkartoffeln, Salzkartoffeln, Kartoffelgratin, Saucenkartoffeln, Kartoffelsalat, Kartoffelsuppe.
Kochtyp C: Beim Kochen springt diese Kartoffel stark auf. Sie hat ein mehliges, ziemlich trockenes, grobkörniges und lockeres Fleisch. Ideal für Kartoffelstock, Pommes frites, Gerichte aus Kartoffelteig (z.B. Knödel, Gnocchi), Baked Potatoes. Gut geeignet für Kartoffelgratin, Saucenkartoffeln, Bratkartoffeln (roh), Kartoffelsuppe.

Teigwaren

Als stärkehaltiges Nahrungsmittel, das sich ideal mit Salat ergänzen lässt, kommt den Teigwaren in der vegetarischen Küche gleichfalls grosse Bedeutung zu. Ich persönlich schwöre auf die hausgemachten, ungeachtet dessen, dass dies einen gewissen zeitlichen Aufwand voraussetzt. Das Grundrezept findet sich in diesem Buch. Wiederholen möchte ich meinen bewährten Trick: Bevor ich ihn auswalle, lasse ich den gekneteten Teig 30 Minuten auf dem Tisch liegen und bedecke ihn mit einer Keramikschüssel, die ich mit kochendem Wasser angefeuchtet habe. Am besten eignet sich ein unglasiertes Tongeschirr.

Besonders fein für hausgemachte Teigwaren ist normales Weizenmehl aus Weizen. Man kann auch Hartweizengriess verwenden oder Mehlmischungen: Vollkorn-, Sojamehl. Mein Vorschlag: je ⅓ Vollkorn-, Roggen- und Weissmehl. Macht man die Teigwaren von Hand, kann man gerne experimentieren. Nicht so mit der Maschine, die verlangt, dass man sich genau an das Rezept hält. Ein weiterer Vorteil der »Handarbeit« ist, dass der Teig von unserer Handwärme profitiert und deshalb feiner wird.

Ist der Teig zu trocken, gibt man ihm beim Zusammenfügen wenig Öl und eine Spur Wasser bei; ist er zu feucht, fügt man etwas Mehl (ca. ½ EL) zu, doch nicht zuviel auf einmal.

Beim Auswellen ist darauf zu achten, dass der Teig nicht klebt. Deshalb sollte man nur wenig Mehl verwenden.

Am besten schmecken die Teigwaren, wenn wir sie nach dem Vorbereiten gleich in die Pfanne geben; ist dies nicht möglich, bewahren wir sie in einer gut verschliessbaren Blechbüchse auf.

Ganz frische Teigwaren verlangen zum Kochen nicht so viel Wasser wie getrocknete, bei denen man als Faustregel zehnmal mehr Wasser berechnet, damit sie aufquellen können. Hausgemachte Nudeln werden portionsweise gekocht und jeweils in ein zweites warmes Salzwasser gelegt.

Was das Salzen betrifft: Auf einen Liter Kochwasser nimmt man einen gestrichenen Esslöffel Salz. Die meisten industriell hergestellten Teigwaren sind heute so behandelt, dass sie nicht mehr kleben. Bei hausgemachten Teigwaren jedoch, und wenn man sie glänzend wünscht, kann man einem Liter Wasser einen Esslöffel Öl beigeben.
Industriell hergestellte Teigwaren lassen wir sprudeln, bis sie gar sind, was je nach Qualität zehn bis zwanzig Minuten dauert (die Kochzeit ist auf der Packung angegeben). Hausgemachte Teigwaren sind fertig, wenn sie an die Oberfläche steigen, was nach zwei bis drei Minuten der Fall ist, wenn wir sie frisch abkochen oder nach ca. zehn Minuten, wenn wir sie getrocknet ins Wasser geben.

Trüffeln

Es gibt sie weiss und schwarz. Die weissen Trüffeln aus Alba im Piemont sind das Teuerste, was an Nahrungsmitteln auf dem Markt ist.
Sie werden börsenmässig gehandelt, und ihr Preis liegt auf oft astronomischen Höhen. Ihre Erntezeit dauert vom Oktober bis zum Dezember, und sie werden ausschliesslich frisch verwendet. Man bekommt sie meist in einem Bastkorb geliefert, noch sandig und einzeln in Papier gehüllt. Ihr auffallendstes Kennzeichen ist der intensive, geradezu aggressive Geruch. Trüffeln guter Qualität sind 30 bis 40 Gramm schwer, sie haben eine glatte Haut und eine Farbe, die mit »Milchtee« treffend umschrieben wird.
Trüffeln wachsen in einem ganz bestimmten Klima und Boden, 5 bis 35 cm tief in der Erde, unter Eichen, Pappeln, Linden, Weiden. Botanisch gesehen sind sie ein Geschwür der Baumwurzeln und deshalb nur schwer zu züchten. Die reifen Pilze werden von Hunden, in Frankreich auch von Schweinen aufgespürt. Gesäubert wird der Edelpilz wie Pilze, bei

hartnäckigen Erdresten mit der Bürste unter fliessendem Wasser. Man raffelt ihn roh, am besten erst bei Tisch. Da Trüffeln am Anfang nur in ländlichen Gegenden verwendet wurden, finden sie sich ursprünglich vor allem in den Rezepten rustikaler Gerichte, als aromatische Zugabe zu Kartoffeln, Teigwaren, Reis, Polenta, Eierspeisen, Kartoffelsuppe, Carpaccios.
Eine Regel besagt, dass weisse Trüffeln in Reis aufbewahrt werden sollten (der sich nachher für Risotto verwenden lässt). Ich habe die Erfahrung gemacht, dass eine grosse Trüffel an den trockenen Reis so viel Feuchtigkeit abgibt, dass sie pro Tag 5 bis 10% an Gewicht verliert. Aus diesem Grund ziehe ich es vor, Trüffeln in ein feuchtes Tuch oder Crêpepapier zu wickeln und sie an einem kühlen Ort zu lagern. Auf diese Weise wird ihnen weniger Feuchtigkeit entzogen.

Ungefähr halb so teuer wie die weissen sind die schwarzen Trüffeln aus dem Périgord im südwestlichen Frankreich, die deshalb ein bisschen weniger sparsam verwendet werden können. Es gibt sie pflaumen- bis eigross, aussen von dunkelbrauner bis schwarzer Farbe und im Innern erst hellgrau, dann immer dunkler. Ihr würziger Geruch erinnert an Herbst.
Im Unterschied zur weissen wird die schwarze Trüffel gekocht oder mitgekocht. Man pochiert sie ca. 15 Minuten in wenig Salzwasser, das den intensiven Trüffelgeschmack aufnimmt und weiterverwendet werden kann (z.B. für Trüffelsauce). Madeira und Portwein heben den Eigengeschmack. Cognac frisst ihn auf. Ihr bestes Aroma kann die Trüffel entwickeln, wenn man sie mit der Gabel zerdrückt. So öffnen sich die Zellen und die ätherischen Öle treten aus.
Konserviert verliert die schwarze Trüffel an Geschmack. Wenn schon Konserven, so rate ich zu der Luxusqualität im ½-Liter-Glas.
Neben den Périgord-Trüffeln – ihr bekanntester Markt ist in Carpentas in der Region Vaucluse – gibt es auch die Sommertrüffeln aus Spanien, Italien, Jugoslawien oder Nordaf-

rika, die allerdings von minderer Qualität sind und nur etwa halb soviel kosten wie die Trüffeln aus dem Périgord. Man erkennt sie an ihrer hellen Farbe, vorausgesetzt, dass sie nicht – was vorkommt – schwarz gefärbt und für Périgord-Trüffeln ausgegeben werden …

Saisonkalender für Gemüse

(Gemäß Angaben der Schweiz. Gemüse-Union)

Die mit einem Punkt gekennzeichneten Monate zeigen die jeweilige Hauptsaison an, wenn das entsprechende Produkt in der Regel qualitativ am besten und preislich am günstigsten erhältlich ist.

frisch erhältlich	Jan.	Febr.	März	April	Mai	Juni	Juli	Aug.	Sept.	Okt.	Nov.	Dez.
Weisse Rüben	●				●	●			●	●	●	●
Nüsslisalat (Feldsalat)	●	●	●						●	●	●	●
Kohlrabi	●	●	●	●					●	●	●	●
Randen	●	●	●	●					●	●	●	●
Sauerkraut	●	●	●	●	●				●	●	●	●
Rosenkohl	●	●	●							●	●	●
Schwarzwurzeln	●	●	●							●	●	●
Zuckerhut	●	●	●							●	●	●
Meerrettich	●	●	●	●						●	●	●
Topinambur	●	●	●	●	●						●	●
Kardy											●	●
Treibzichorien/Chicorée	●	●	●									●
Löwenzahn	●	●	●	●								
Cicorino grün			●	●								
Cicorino rot			●	●				●	●	●		
Spargel				●	●	●						
Rhabarber				●	●	●	●	●				
Eisberg-/Krachsalat				●	●	●	●	●	●	●		
Kopfsalat				●	●	●	●	●	●	●	●	
Krautstiele				●	●	●	●	●	●	●	●	
Lattich				●	●	●	●	●	●	●	●	
Lattughino				●	●	●	●	●	●	●	●	
Schnittsalat				●	●	●	●	●	●	●	●	
Bundzwiebeln/Cipolotte					●	●	●					
Erbsen					●	●	●					
Kefen					●	●	●					

Spitzkabis					●	●	●					
Blumenkohl					●	●	●	●	●	●		
Broccoli					●	●	●	●	●	●		
Gurken					●	●	●	●	●	●		
Mangold/Schnittmangold						●	●	●				
Bohnen						●	●	●	●	●		
Neuseeländer-Spinat						●	●	●	●	●		
Zucchetti						●	●	●	●	●		
Aubergine							●	●	●	●		
Artischocke							●	●	●	●		
Peperoni/Peperoncino							●	●	●	●		
Tomaten							●	●	●	●		
Fenchel							●	●	●	●	●	
Cima di rapa								●	●			
Melone								●	●			
Zuckermais								●	●			
Endivie								●	●	●	●	●
Schalotten								●	●	●	●	●
Stangen-Sellerie								●	●	●	●	●
Chinesischer Kohl									●	●	●	●
Federkohl (Grünkohl)									●	●	●	●
Kürbis									●	●	●	●
Spinat			●	●	●	●	●	●	●	●	●	
Champignons	●	●	●	●	●	●	●	●	●	●	●	●
Karotten	●	●	●	●	●	●	●	●	●	●	●	●
Kartoffeln	●	●	●	●	●	●	●	●	●	●	●	●
Knoblauch	●	●	●	●	●	●	●	●	●	●	●	●
Knollen-Sellerie	●	●	●	●	●	●	●	●	●	●	●	●
Kresse	●	●	●	●	●	●	●	●	●	●	●	●
Lauch	●	●	●	●	●	●	●	●	●	●	●	●
Petersilie	●	●	●	●	●	●	●	●	●	●	●	●
Radiesli	●	●	●	●	●	●	●	●	●	●	●	●
Rettich	●	●	●	●	●	●	●	●	●	●	●	●
Rotkabis (Blaukraut)	●	●	●	●	●	●	●	●	●	●	●	●
Schnittlauch	●	●	●	●	●	●	●	●	●	●	●	●
Weisskabis (Weisskraut)	●	●	●	●	●	●	●	●	●	●	●	●
Wirsing	●	●	●	●	●	●	●	●	●	●	●	●
Zwiebeln	●	●	●	●	●	●	●	●	●	●	●	●

Tips und Tricks

Wichtig, wenn man aus vegetarischen Gerichten ganze Menüs zusammenstellt: Der Gemüse-Geschmack darf sich nicht durch das ganze Essen ziehen. Es sollte nicht uniform schmecken.
Den eher penetranten Geruch des Blumenkohls kann man mit Eiweiss und Rahm mildern.
Allzu erdigen Geschmack von Blaukraut kann man mit Essig mässigen, der ihn von Blau- zum Rotkraut macht.
Der typische bittere Eigengeschmack der Kresse lässt sich vermindern, wenn man die Stiele abzupft.
Grüne Gemüse verlieren die Farbe, wenn man sie zugedeckt kocht.
Für falsch halte ich es, wenn man grünes Gemüse nach dem Kochen mit kaltem Wasser abschreckt, da so Geschmacksstoffe und Salz weggeschwemmt werden; wenn es unerlässlich ist, muss man nachwürzen.
Frisch geschälte Äpfel, Sellerie, Avocados, Birnen usw. oxydieren. Wenn man sie nicht sogleich verarbeiten kann, beträufelt man sie mit wenig Zitronensaft.
Das Aroma der Äpfel ist stärker, wenn man sie – ungespritzt – samt Schale verwendet. Gespritzte Früchte taucht man in kochendes Wasser, was einen Teil des Spritzmittels löst.
Schwarzer Pfeffer – er ist milder als der weisse – unterstützt die Eigenart gewisser Früchte, z.B. bei Erdbeeren, Ananas, Birnen.
Früchte parfümiert man mit Likör oder Schnaps von den entsprechenden Früchten: Äpfel mit Calvados, Birnen mit Williamine (oder Williams), Kirschen mit Kirsch, Zwetsch-

gen mit Pruneaux (oder Armagnac), Orangen mit Grand Marnier, Trauben mit Armagnac.
Pilze dürfen nicht im Wasser liegenbleiben, denn sie nehmen Wasser auf und geben so ihren Geschmack mit der Flüssigkeit beim Erhitzen ab. Man verliest sie, putzt sie – mit feuchtem Küchenpapier oder hartnäckig schmutzige mit der Bürste unter fliessendem Wasser –, schneidet sie und gibt sie zu der in Butter oder Olivenöl angezogenen Schalotte. Man würzt mit Salz, Pfeffer, Knoblauch, Thymian. Vorsicht bei der Beigabe von Flüssigkeit, oft reicht die eigene aus, vor allem, wenn man mit Rahm verfeinert. Nicht mischen sollte man Pilze extremer Geschmacksrichtungen, z.B. Steinpilze mit Morcheln.
Für Risotto gilt die Faustregel: Für 50 g Rundkornreis (Vialone) verwendet man dreimal mehr, also 1,5 dl fertige, siedende Flüssigkeit. Löscht man erst mit Wein ab, so rechnet man ihn nicht ein, da er ja grösstenteils – bis ¾ – eindampft. Erst wenn der Alkohol verdunstet ist, giessen wir andere Flüssigkeit – meist Bouillon – nach.
Für Polenta empfehle ich den grobkörnigen Bramata-Mais. Er wird in das kochende Salzwasser gestreut und etwa 50 Minuten bei mässiger Hitze ständig gerührt. Am Schluss gibt man flockenweise Butter dazu.
Bei den Salatsaucen darf man gern mit Öl und Essig etwas spielen. Wichtig ist jedoch, dass das Salz erst in der Säure (Essig oder Zitrone) gelöst wird.
Aus gesundheitlichen Gründen sind kaltgepresste Öle vorzuziehen, die jedoch nicht erhitzt werden sollten. Nussgeschmack (Mandel-, Haselnuss-, Walnussöl) passt gut zu Salaten, mit Sellerie, Broccoli, Feldsalat. Für feine Sachen empfehle ich Maiskeimöl oder Traubenkernöl, für Spezialitäten der italienischen Küche kaltgepresstes Olivenöl.
Grundregel beim Salzen des Kochwassers: 1 gestrichener Esslöffel Salz (15–20 g) auf 1 Liter Wasser.
Wachteleier für Spiegeleier müssen mit dem Messer angeschnitten werden, da sie unter der Schale eine harte Haut haben. Man schlägt sie erst in eine Tasse und lässt sie dann in die Pfanne gleiten. Wachteleier präsentieren gut und las-

sen sich im Kühlschrank bis zu einer Woche aufbewahren.
Kühlschrank: Da wir weder im Restaurant noch in der Kochschule über genügend Natur-Keller verfügen, bewahren wir Gemüse und Früchte mit bestem Erfolg im »Long Fresh« (Hermann Forster AG, Arbon/Schweiz) auf. Sie bleiben darin dreimal so lange haltbar wie in üblichen Kühlschränken, dank der Luftfeuchtigkeit, der ständigen Frischluftzufuhr und der zwischen 3 bis 14 °C regulierbaren Temperatur.

Vorspeisen und Zwischengerichte

Agnolotti (kleine Ravioli) mit Spinat und Kräutern✡

8 Personen · Saison: Herbst bis Winter

Für den Teig:

300 g Weissmehl · ½ dl Wasser · 2 Eier · 1 EL Trüffelöl (aus Delikatessengeschäft) · Salz

Für die Spinatfüllung:

400 g Spinat, brutto (italienischer Winterspinat) oder Mangold · 30 g Butter · 1 Zwiebel, fein gehackt · ½ Knoblauchzehe, gepresst · 100 g gehackte Kräuter wie Petersilie, Kerbel, wenig Salbei und Thymian · Salz · schwarzer Pfeffer aus der Mühle · 1 Ei, verklopft · 100 g Parmesan, frisch gerieben · 1 EL Trüffelöl

1 Eiweiss · etwas Mehl

Salzwasser · 1 EL Öl · 100 g Butter · 4 EL Parmesan, frisch gerieben · in der Saison eventuell 10 g weisse Trüffel

Für die Fleischfüllung:

1 Zwiebel, fein gehackt · ½ Knoblauchzehe, gepresst · 30 g Butter · 150 g Rindfleisch, gehackt · 150 g Kalbfleisch, gehackt · 1 dl Fleischbouillon, entfettet · 100 g Rohschinken, fein gehackt · 1 EL Trüffelöl · 1 Ei · 80 g Parmesan, frisch gerieben · Salz · schwarzer Pfeffer aus der Mühle

Das Mehl in eine Schüssel sieben. In der Mitte eine Vertiefung anbringen und alle anderen Zutaten verklopft einfliessen lassen. Den Teig von der Mitte aus zusammenarbeiten. Kneten, bis er inwendig Luftblasen bildet. Unter einem heissen, nassen Schüsselchen mindestens 30 Minuten ruhen lassen.

Den Spinat verlesen und waschen.
Die Butter erhitzen, Zwiebel, Knoblauch und gemischte, gehackte Kräuter bei mässiger Hitze darin andämpfen, bis sie glasig werden und gut riechen. Den Spinat beigeben und andämpfen.
Mit Salz und Pfeffer mässig würzen, abkühlen lassen und alles zusammen mit dem Wiegemesser fein hacken.
Das Ei, Parmesan und Trüffelöl zum abgekühlten Spinat geben. Alles von Hand sorgfältig und gut mischen.
Zuerst die Hälfte des Teiges sehr dünn auswallen respektive ausziehen. Danach den Rest bearbeiten. Der zarte Teig trocknet schnell aus; es ist deshalb notwendig, dass er in kleinen Portionen verarbeitet wird.
Auf die eine Teighälfte kleine Häufchen der Füllung verteilen. Die Ränder und Zwischenräume mit Eiweiss bestreichen. Die leere Teighälfte darüberschlagen und den Teig in den Zwischenräumen gut andrücken. Die Agnolotti schneiden und auf ein gut bemehltes Tuch legen.

Vor dem Servieren:

In einer weiten, flachen Pfanne Salzwasser mit dem Öl zum Kochen bringen. Die Agnolotti minutenlang lagenweise ziehen lassen.
In einer flachen Pfanne Butter leicht anbräunen, die gut abgetropften Agnolotti darin drehen.
Auf Teller anrichten, mit Parmesan bestreuen und nach Belieben ganz feine Trüffelscheiben darüberhobeln.

Alternative für Nicht-Vegetarier:

Anstelle der Trüffel mit Bratensaft oder Tomatensauce fertigstellen. Der Füllung kann dann noch Hirn oder Milke beigegeben werden.
Zwiebel und Knoblauch in Butter bei mässiger Hitze andämpfen. Beide Fleischsorten beigeben. Kurz miterhitzen, dann mit Bouillon ablöschen und 15 Minuten leise weiterkochen lassen.
Den Rohschinken zufügen, ebenso das Trüffelöl. Die Masse

abkühlen lassen, mit Ei und Parmesan zu einer Paste verarbeiten. Wenn nötig, mit Salz und Pfeffer nachwürzen (hängt vom Salzgehalt Rohschinken/Parmesan ab).
Die Agnolotti auf gleiche Art füllen und fertig zubereiten.

Gemüse-Ravioli in Sojacreme

8 Portionen als Vorspeise, 4 Portionen als Hauptgericht
Saison: ganzes Jahr mit passenden Saison-Gemüsen

250 g gemischte Gemüse (netto), wie Bleichsellerie, Zucchini, Karotten, Lauch, Kohlrabi usw.

2 Schalotten · 10 g Butter · 3 EL milde Sojasauce · 1 Spritzer Obstessig · schwarzer Pfeffer aus der Mühle

½ Portion Nudelgrundteig (Rezept Seite 256) · Mehl zum Ausrollen des Teiges und als Unterlage für die geformten Ravioli · 50 g Paniermehl (z. B. aus altbackenem Brioche) · 1 Eiweiss

4 dl helle Gemüsebouillon (Rezept Seite 263) · 20 g Butter für den Siebaufsatz des Dampfgeräts

50 g Butter · je 1 Bund Kerbel und Petersilie, zerkleinert

1 dl milde Sojasauce · 1 dl Gemüsebouillon · 20 g Butter · ½ dl Vollrahm (Sahne) · 50 g frische Sojakeimlinge

Die Gemüse mit Schale in feine Streifen und dann in Würfelchen (Brunoise) schneiden.
Die Schalotten fein hacken. Die Butter zerfliessen lassen, zuerst die Schalotten und dann die Gemüsewürfelchen andämpfen. Mit Sojasauce und Essig anfeuchten, die Flüssig-

keit bei mässiger Hitze verdampfen lassen. Nicht salzen! Abkühlen lassen.
Den Nudelteig mit wenig Mehl möglichst dünn ausrollen. Scheiben im Durchmessr von 6 bis 7 cm ausstechen. Die Mitte des Scheibenbodens mit etwas Paniermehl bestreuen, darauf ein Gemüsehäufchen dressieren. Rundum mit verklopftem Eiweiss bepinseln und je eine Teigscheibe leicht ausgezogen als Deckel darauflegen. Den Rand andrücken, die Ravioli auf eine stark bemehlte Unterlage legen.
Die Bouillon im Dampfgerät erhitzen. Den Siebaufsatz mit Butter bestreichen und die Ravioli hineinlegen. Über aufsteigenden Dampf stellen und 3 bis 4 Minuten garen.
Nebenbei Butter und Kräuter erhitzen. Die Ravioli einzeln darin wenden.
Für die Creme Sojasauce und Bouillon zusammen einkochen, mit Butter und Rahm verfeinern und die Sojakeimlinge im letzten Moment darunterziehen. Etwas Sojacreme mit Sojakeimlingen als Spiegel auf Teller verteilen, die Ravioli darauf anrichten und sofort servieren.

Tip: Die Ravioli schmecken am besten, wenn sie frisch gefüllt gedämpft werden. Man kann sie aber auch trocken und dann in wenig Salzwasser lagenweise pochieren. Im Kühlschrank halten sie so 3 bis 4 Tage.

Kresse-Nüdeli mit Parmesan und Eierschwämmchen (Pfifferlingen)

6 bis 8 Portionen als Vorspeise, 4 Portionen als Hauptgericht · Saison: Frühling bis Sommer

3 EL feines Kressepüree aus ca. 400 g Brunnenkresse · 3 dl Salzwasser

150 g Weissmehl · 1 EL Wasser · ½ TL Salz · 1 Ei · ½ EL Öl

Mehl zum Ausrollen · 3–4 l Salzwasser · 50 g Tafelbutter · 100 g Parmesan, frisch gerieben

200 g junge, zarte Eierschwämmchen (Pfifferlinge), geputzt · 1 EL Olivenöl · 1 Schalotte, fein gehackt · ½ Knoblauchzehe, gepresst · Salz · Pfeffer aus der Mühle

Die Kresse entstielen, in wenig Salzwasser kurz kochen und abschütten. Kräftig ausdrücken und ganz fein pürieren. Eventuell durch ein Sieb passieren.
Aus Mehl, Wasser, Salz, Ei, Kressepüree und Öl einen grünen Nudelteig mischen. Kneten und in Zimmertemperatur unter einer vorgewärmten, feuchten Schüssel 30 Minuten ruhen lassen.
Den Teig mit wenig Mehl portionsweise ausrollen und ganz feine Nüdeli schneiden. In sprudelndem Salzwasser portionsweise minutenschnell abkochen. Gut abtropfen lassen, in heisser Butter wenden und grosszügig mit Parmesan bestreuen. Kurz warm halten.
Die Eierschwämmchen im letzten Moment abspülen. Das Olivenöl erhitzen, die Schalotte mit der Knoblauchzehe andämpfen und die Eierschwämmchen darin wenden. Mit Salz und Pfeffer würzen und nach 3 bis 4 Minuten, d.h. sobald sie zusammenfallen, über die Kresse-Nüdeli verteilen.

Hausgemachte Nudeln an Nuss-Sauce✡

(Taglierini al sugo di noci)

4 Personen · Saison: mit frischen Nüssen im Herbst

Für den Teig:

300 g Mehl · 2 Eier · 1 EL Sonnenblumenöl · 10 g Salz · ½ dl Wasser

Für die Sauce:

100 g frische Baumnusskerne (Walnusskerne) · 1 EL Baumnussöl · 2 dl Vollrahm (Sahne) · ½ TL Salz · ½ Knoblauchzehe, gepresst · 1 Bund Majoran

Die Nudeln mit diesen Zutaten nach dem Grundrezept (Seite 256) zubereiten.
Die Kerne kurz in kochendes Wasser tauchen. Die Häutchen entfernen. Die geschälten Kerne im Mörser pürieren.
Das Nussöl beigeben. Anschliessend mit Rahm verdünnen, mit Salz und Knoblauch abschmecken, zuletzt die Hälfte der gehackten Majoranblättchen daruntermischen.
Mit den frisch gekochten Teigwaren mischen, auf Teller anrichten und mit den restlichen Majoranblättern bestreuen.

Quark-Ravioli mit Kräutern und Limetten

Für 6 bis 12 Personen als Vorspeise, für 4 bis 6 Personen als Hauptgericht · Saison: ganzes Jahr

1 Portion Nudelteig (Rezept Seite 256)

150 g Rahmquark · Salz · Pfeffer ·
200 g Parmesan, frisch gerieben · 2 Eigelb ·
1 Limette (Limes), nur grüne Schale abgerieben ·
5 Tropfen Limettensaft

Für die Kräutermischung:

1 Bund Petersilie · 1 Bund Schnittlauch · 1 Bund Kerbel · 2 kleine Salbeiblätter ·
100 g junger, zarter Blattspinat · 1 Limette, grüne Schale abgerieben

Mehl zum Ausrollen und Formen · 50 g Paniermehl (z. B. von altbackenem Brioche) ·
1 Eiweiss, verklopft

2–3 l Wasser · 100 g Butter

Den Nudelteig vorbereiten und unter einer erwärmten, feuchten Schüssel ruhen lassen.
Den Quark luftig rühren. Mit Salz und Pfeffer würzen und den Parmesan, die Eigelb, die Limette sowie den Limettensaft daruntermischen. Kühl stellen.
Die Kräuter und den Spinat von groben Stielen befreien, fein hacken und mit der Limettenschale mischen.
Den Teig zu einem sehr grossen, gleichmässigen Rechteck auswallen. Mit dem Handrücken ausziehen. $^2/_5$ des Teiges mit Paniermehlhäufchen im Abstand von 3 bis 4 cm (je nach gewünschter Grösse der Ravioli) bestreuen. Auf die Paniermehlhäufchen die Quarkmasse, ebenfalls als Häufchen, verteilen.
Die Zwischenräume mit Eiweiss bestreichen. Den restli-

chen Teig locker über die Häufchen legen. Die Zwischenräume rund um jedes Ravioli sorgfältig andrücken. Mit dem Messer schneiden oder ausstechen. Die Ravioli auf ein stark bemehltes Nudeltuch legen.
Das Wasser mit etwas Salz und Öl in einer möglichst flachen, weiten Pfanne aufsetzen. Die Ravioli lagenweise hineingeben und 3 bis 4 Minuten vor dem Siedepunkt ziehen lassen.
In der Zwischenzeit etwas Butter anbräunen, einen Teil der Kräuter darin wenden und die Ravioli – eines nach dem andern – in der Kräuterbutter drehen. Sofort portionsweise anrichten. Warm stellen.
So fortfahren, bis alle Ravioli zubereitet sind. Sofort servieren.

Tip: Die Quarkmasse kann tags zuvor zubereitet werden. Kräuter, Nudelteig und Ravioli lassen sich Stunden vorher zubereiten.
Die Ravioli können im letzten Moment gekocht werden.

Zarte Käse-Crêpes mit Pilzen

8 bis 12 Portionen, je nach Grösse der Crêpes
Saison: ganzes Jahr

50 g Butter · ½ TL Salz · 1 Prise Muskat, frisch gerieben · 1 dl Milch · 2 Eier · 65 g Weissmehl · 50 g Butter zum Backen

1 EL Olivenöl · 1 kleine Schalotte, fein gehackt · ½ Knoblauchzehe, gepresst · 250 g Steinpilze oder Eierschwämmchen (Pfifferlinge) oder Feldchampignons · Salz · Pfeffer

30 g Butter · 30 g Mehl · 2 dl Vollmilch · 2 dl Vollrahm (Sahne) · Salz · Pfeffer · 1 Prise Muskat, frisch gerieben · 50 g Parmesan · evtl. ½ dl Milch

Die Butter erhitzen, leicht anbräunen und abkühlen lassen. Mit Salz, Muskat, Milch und den verklopften Eiern mischen.
Das Mehl in eine Schüssel sieben, in der Mitte eine Vertiefung anbringen und die Flüssigkeit von der Mitte aus hineinrühren. 30 Minuten ruhen lassen.
In einem Teflonpfännchen in Butter hauchdünne Crêpes von ca. 15 cm Durchmesser ausbacken.
Das Öl erhitzen, die Schalotte und den Knoblauch andämpfen und die zugerüsteten Pilze darin erhitzen. Schwach würzen.
Butter und Mehl erhitzen, ohne dass sich die Mehlfarbe ändert. Die Pfanne einen Moment zum Abkühlen beiseite ziehen.
Mit kalter Milch ablöschen, umrühren und die Sauce aufkochen lassen. Den Rahm beigeben, 15 Minuten bei mässiger Hitze ziehen lassen. Mit Salz, Pfeffer und Muskat würzen. Den Parmesan unter die Sauce ziehen.

Die Crêpes mit einem Teil der Käsesauce bestreichen. Die Pilze auf die eine Hälfte verteilen und die Omelettchen überschlagen. In feuerfeste Plättchen legen, mit der restlichen Sauce, die evtl. mit etwas Milch verdünnt wird, überziehen.
In den auf 220°C vorgeheizten Ofen schieben. Bei 180°C ca. 7 Minuten goldbraun überbacken.

Warm marinierte Artischocken mit Limetten und Piniencreme

4 Personen · Saison: Sommer

4 l Wasser · 3 EL Salz · ½ Zitrone · 20 g Butter · 4 mittelgrosse französische Artischocken

350 g Pinienkerne · 200 g Mascarpone (Frischmilchkäse) · 1 Bund Kerbel, gehackt · Salz · Pfeffer

2 grüne Limetten (Limes) · Salz · Pfeffer · 8 EL kaltgepresstes Olivenöl (Extra Vergine) · 2 fleischige Tomaten · 2 l Wasser · 2 grüne Limetten (Limes) · 2 dl Vollrahm (Sahne) · 1 Bund Kerbel, zum Garnieren

Das Wasser in einem hohen Topf mit Salz, Zitrone und Butter aufkochen. Unterdessen die Artischockenstiele ausbrechen. Das ist besser als abschneiden, weil beim ruckartigen Brechen zähe Fäden, die bis in den zarten Artischockenboden wachsen, herausgezogen werden. Die Artischocken am Boden glatt schneiden, damit sie gut stehen. Die spitzen Blattenden mit der Schere abschneiden. In das kochende Wasser tauchen und ohne Deckel 40–50 Minuten (je nach Grösse) vor dem Siedepunkt ziehen lassen. Garprobe machen: Die Blättchen sollen sich ohne Mühe ausziehen lassen. Auf einem Gitter abtropfen und lauwarm abkühlen.

Die Pinienkerne ohne Butter (in einem Teflonpfännchen) hellbraun rösten. 50 g Kerne für die Garnitur beiseite legen. Die restlichen Kerne mit Mascarpone, gehackten Kerbelblättchen, Salz und Pfeffer in der Moulinette fein pürieren.
Den Saft von zwei Limetten mit Salz und Pfeffer mischen, das Olivenöl dazugiessen. Die Artischocken-Herzblätter sorgfältig herausziehen, das »Heu« vom Boden mit einem runden Ausstecher entfernen. Die Artischocken auf ein Backblech stellen und inwendig mit Olivenölmarinade beträufeln. Bei 50 °C warm stellen. Die restliche Olivenölmarinade aufbewahren.
Die Tomaten einritzen, den Stielansatz rund ausschneiden und die Tomaten zwei Minuten in kochendes Wasser legen. Herausnehmen, sorgfältig kalt abschrecken und die Häute abziehen. Die Tomaten halbieren, die Kerne ausschaben und das Fleisch in kleine, gleichmässige Würfelchen teilen.
Die Limetten mit einem scharfen Messer von der Schale befreien und die Schnitzchen zwischen den Häuten sorgfältig ausschneiden.
Den Rahm steif schlagen und locker unter die Piniencreme ziehen. Nach Geschmack nachwürzen.

Anrichten:

Die Artischocken auf vier grosse, flache Teller stellen. Den ausgehöhlten Innenraum mit Piniencreme füllen. Mit Kerbel garnieren. Rundum die restliche Olivenölmarinade verteilen, mit den zurückbehaltenen gerösteten Pinien, gesalzenen Tomatenwürfelchen, Limettenschnitzchen sowie den restlichen Kerbelblättchen garnieren.

Variante:

Grosse Artischocken können auch halbiert und wie auf der Abbildung angerichtet werden. Die Tomatenwürfelchen eventuell pürieren und den Coulis auf die abstehenden Blätter verteilen.

Hausgemachte Rahm-Käse-Nudeln mit weissen Trüffeln

2 Portionen · Saison: mit weissen Trüffeln Oktober bis Dezember, ohne Trüffel ganzes Jahr

1 l Wasser · 1 EL Salz · 1 EL Öl · 1 Portion Nudelgrundteig (Rezept Seite 256) · 20 g Butter · ½ dl kräftige helle Gemüsebouillon (Rezept Seite 263) · 30 g Parmesan, frisch gerieben · 30 g Greyerzer Käse, frisch gerieben · ½ dl Vollrahm (Sahne), steif geschlagen · evtl. 1 TL Trüffelöl (in Delikatessgeschäften erhältlich) · 20–30 g weisse Trüffel, geputzt, evtl. mit feuchtem Küchentuch abgerieben

Wasser, Salz und Öl aufkochen.
Darin ca. 100 g Nudeln (Reste offen bei Zimmertemperatur trocknen lassen und in einer Blechdose aufbewahren) bei mässiger Hitze bis zum Hochsteigen ziehen lassen.
Die Butter erhitzen und leicht anbräunen. Die Nudeln mit der Schaumkelle aus dem Wasser nehmen. Gut abtropfen lassen und in der braunen Butter wenden.
Die heisse Bouillon dazugeben, ebenso die beiden Käsesorten. Durch Hochziehen sorgfältig mischen, den Schlagrahm, evtl. auch das Trüffelöl, zufügen und ebenfalls daruntermengen. Alles muss sehr schnell geschehen, damit die Nudeln nicht musig werden.
Die Nudeln anrichten, die Trüffel am Tisch oder unmittelbar vor dem Servieren darüber raspeln.

Salat von grünem Spargel mit Wachtel-Spiegelei

4 Personen · Saison: Januar bis Juni

½ dl Doppelrahm (Crème double) · 1 TL Zitronensaft · 2 EL Trüffel-Jus (aus Dose) · Salz · schwarzer Pfeffer aus der Mühle · ca. 20 g Périgord-Trüffel

Je 1 Handvoll Nüssli-(Feld-), Frisée-, Eichblatt-, Kopfsalat usw. nach Saison · ½ EL Balsamico-Essig · Salz · Pfeffer · ½ EL Haselnussöl · 1 EL Sonnenblumenöl

½ l Wasser · 1 TL Salz · 16 grüne Spargel

10 g Butter · 4 Wachteleier (Zimmertemperatur) · Salz

Den Doppelrahm mit Zitronensaft, Trüffel-Jus, Salz und Pfeffer verrühren. Die Trüffel mit einer Gabel zerdrücken und der Sauce beigeben. Etwa 30 Minuten ziehen lassen.
Die Salatblätter putzen, rüsten und waschen. Essig, Salz und Pfeffer verrühren. Beide Ölsorten dazurühren. Den Salat als Bouquet auf den Tellern arrangieren. Mit Salatsauce beträufeln oder die Blätter mit aufgerührter Sauce bepinseln.
Das Wasser mit dem Salz aufkochen. Die unteren (hölzernen) Spargelteile wegschneiden. Die Spargel waschen und im Salzwasser oder über Dampf im Vapeur-Gerät in 2 bis 5 Minuten (je nach Dicke) knapp gar kochen. Die Spargelspitzen in Längen von 4 bis 5 cm wegschneiden. Das Spargelfleisch in Stückchen teilen und mit ¾ der Rahmsauce warm mischen. Als Häufchen zu den Salatblättern geben. Die Spargelspitzen in der restlichen Sauce drehen und dazulegen.
Die Butter erhitzen. Die Wachteleier nacheinander in einer

Tasse aufschlagen und Spiegeleier backen. Salzen. Zum Salat anrichten.

Variante:

Trüffel weglassen, die Rahmsauce mit einer Messerspitze Senf abschmecken.

Zucchini, italienisch gefüllt

8 Personen · Saison: Sommer bis Herbst

8 kleine Zucchini · 150 g Ricotta (ersatzweise Quark) · 2 Eier · 1 TL Senf · 1 Knoblauchzehe, gepresst · 150 g Parmesan, gerieben · 1 Bund Petersilie, fein gehackt · Salz · Pfeffer · 1 TL Butter für die Gratin-Form · 1 dl helle Gemüsebouillon (Rezept Seite 263)

Den Backofen auf 180 °C Mittelhitze vorheizen.
Die Zucchini längs halbieren. Mit dem Pariserlöffel (runder Kartoffelausstecher) aushöhlen und im Salzwasser oder über Dampf (im Vapeur-Gerät) knapp weich kochen.
Das ausgehöhlte Zucchinifleisch pürieren und mit dem Ricotta, den Eiern, dem Senf, Knoblauch, 100 g Parmesan und der Petersilie mischen. Mit Salz und Pfeffer abschmecken.
Die Zucchinischiffchen mit dieser Masse füllen (am besten mit dem Spritzsack).
Mit dem restlichen Parmesan bestreuen und in die ausgebutterte Gratin-Form legen. Die Gemüsebouillon dazugiessen.
20 Minuten überbacken.
Heiss oder lauwarm servieren.

Grüner Spargel als Gemüse mit Käse und Brösmeli (Brösel)

4 Personen · Saison: Dezember bis Juni

1 Bund feiner grüner Spargel (evtl. wilder) · 2 dl Doppelrahm (Crème double) · Salz · Pfeffer · 8–12 Wachteleier · 3 dl Wasser · 2 EL Apfel- oder Weissweinessig · 2 EL grobes Paniermehl von altbackenem Brioche oder Weissbrot · 100 g Butter · 50 g Parmesan, frisch gerieben · 1 Bund Kerbel

Den Spargel rüsten, die Enden wegschneiden. Zähes Spargelfleisch nicht verwenden. Die Spitzen und die Spargelmittelteile ungefähr in der Hälfte trennen.
Im Doppelrahm knapp weich kochen. Gut überwachen, da die Spitzen schneller weich sind. Mit Salz und Pfeffer würzen und warm halten.
Die Wachteleier nacheinander in eine Tasse aufschlagen. Einzeln auf einem bebuttertem Löffel in heisses Essigwasser tauchen und 3 Minuten pochieren. In einem zweiten, warmen, leicht gesalzenen Wasser beiseite stellen.
Das Paniermehl in viel Butter rösten. Die Spargelspitzen anrichten, die Spargelmittelteile in Stücke geschnitten dazulegen und mit Parmesan bestreuen. Mit dem gerösteten Paniermehl überziehen.
Die Wachteleier darauflegen und mit Kerbel garnieren.

Nüsslisalat (Feldsalat) mit weissen Trüffeln und Steinpilzen

2 Personen · Saison: November und Dezember

50 g kleiner, feiner Nüsslisalat (Feldsalat) · 40 g andere Salatsorten wie Eichblatt, Frisée, Lattughino, Lolo, Portulak usw.

Für die Sauce:

1 TL Zitronensaft · Salz · 3 Umdrehungen schwarzer Pfeffer aus der Mühle · 3 EL Sonnenblumenöl · ½ EL Haselnussöl

2 schöne, eher kleine Steinpilze · 1 TL Olivenöl · Salz · schwarzer Pfeffer aus der Mühle

10–20 g weisse Trüffel · 5 g Butter · 2 Wachteleier · Salz

Den Nüsslisalat putzen und waschen. Die anderen Salate zurüsten und ebenfalls waschen. Auf Tellern hübsch auslegen.
Für die Salatsauce Zitronensaft, Salz und Pfeffer verrühren. Beide Ölsorten dazugeben und gut mischen.
Die Steinpilze, wenn möglich, nicht waschen, sondern mit feuchtem Küchenpapier abreiben, die Stiele putzen. In gleichmässige Scheiben schneiden. Das Olivenöl erhitzen, die Pilzscheiben darin beidseitig kurz und bei nicht zu starker Hitze braten. Würzen und warm halten.
Die Trüffel putzen, je nach Qualität mit dem Messerchen schaben, damit alle Sandreste entfernt werden. Nicht waschen, höchstens mit feuchtem Küchenpapier säubern.
Die Butter erhitzen, die Wachteleier zuerst in ein Tässchen aufschlagen, dann sorgfältig in die warme Butter gleiten lassen. Mit Salz würzen.
Die Salatblätter mit Salatsauce bepinseln und auf Teller legen. Die warmen Steinpilze dazugeben, die Trüffel darüber-

hobeln und mit dem Wachtelspiegelei garnieren. Sofort servieren. Getoastete Vollkornbrot-Croûtons oder Scheiben von Pariserbrot passen gut dazu.

Petersilienköpfli mit Feldchampignons an Nuss-Vinaigrette

6 bis 8 Portionen · Chromstahlförmchen oder eine grosse Form · Saison: ganzes Jahr

Butter für die Förmchen · 400 g grobblättrige Petersilie · 400 g krause Petersilie (oder nur eine Sorte) · 3 dl heller Gemüsefond (Rezept Seite 263) · 2 dl Doppelrahm (Crème double) · 2 Eier · Salz · Pfeffer aus der Mühle · 1 Prise Muskat, frisch gerieben · 20 g frische Butter

200 g Feldchampignons in Scheiben · 1 Tomate · 1 TL Butter · 1 kleine Schalotte, gehackt · Salz · schwarzer Pfeffer aus der Mühle · 1 Msp abgeriebene Zitronenschale (nur Gelbes)

Für die Nuss-Vinaigrette:

1 EL Sherry-Essig · Salz · Pfeffer · 1 EL Baumnussöl (Walnussöl) · 2 EL Maiskeimöl · 6 Baumnüsse (Walnüsse), entkernt · 1 Zweig grobblättrige Petersilie

Die Chromstahlförmchen – oder eine grosse Form – mit Butter ausstreichen.
Beide Petersiliensorten verlesen, grobe Stiele entfernen, waschen. Den Gemüsefond im Vapeur-Gerät (oder in der Pfan-

ne) erhitzen. Die Petersilie gemischt im Sieb auf den Dampf stellen. Zudecken und ca. 5 Minuten durch den aufsteigenden Gemüsedampf zusammenfallen lassen. Gut ausdrükken, dann im Mixer fein pürieren. Ist die Masse sehr trokken, so kann man zum Pürieren 2 bis 3 EL Gemüsefond zufügen.
Die abgekühlte Masse mit Doppelrahm, gut verklopften Eiern, Salz, Pfeffer und Muskat mischen. Mit Butter verfeinern. In die Förmchen füllen, etwas ruhen lassen. Den Backofen auf 150 °C vorheizen. Die Förmchen in ein heisses Wasserbad stellen. Mit Folie decken und auf der untersten Rille in den Ofen schieben. 50 Minuten bei der gleichen Temperatur pochieren.
Die Pilze putzen. Die Tomate schälen, halbieren, entkernen und in gleichmässige Würfelchen schneiden. Warm halten. Kurz vor dem Servieren die Butter mit der Schalotte in einer flachen Pfanne erhitzen. Die Pilzscheiben darin sorgfältig und lagenweise andämpfen. Würzen, die Zitronenschale darüber verteilen.
Den Sherry-Essig mit Salz und Pfeffer verrühren, beide Ölsorten beigeben. Die Nusskerne grob hacken, in einem Teflonpfännchen ohne Fettzusatz rösten.
Die Petersilienköpfchen stürzen, die Pilzscheiben rundum legen. Mit Vinaigrette, Tomatenwürfelchen, grobgehackter Petersilie und den Nüssen überziehen respektive garnieren.

Roquefort-Gipfel mit Sesam und Gemüsesalat

12 bis 24 Gipfel, je nach Grösse · Ganz klein geformt, sind die Gipfel als Amuse-Bouche geeignet. Kann auch als ein einziger grosser Gipfel geformt und dann in Stücke geschnitten werden · Saison: ganzes Jahr

150 g Roquefort-Käse oder englischer Stilton · 2 EL Doppelrahm (Crème double) · 50 g Rahmquark · 1 Ei

250 g Butterblätterteig (Rezept Seite 247) · Mehl zum Ausrollen · 1 Eiweiss · 3 Eigelb · ½ TL Öl · 1 EL Sesamsamen

250 g Broccoliröschen respektive ca. 600 g Broccoli · 3 dl helle Gemüsebouillon (Rezept Seite 263) · Salz · 2 Stengel Bleichsellerie (Stangensellerie), geschält, in kleine Stücke geschnitten

1 TL Zitronensaft · Salz · Pfeffer aus der Mühle · ½ EL Baumnussöl (Walnussöl) · 2 EL Sonnenblumenöl · 50 g Baumnusskerne (Walnüsse), grob gehackt

Den Roquefort mit Doppelrahm und Quark in der Moulinette fein pürieren. Das verklopfte Ei unter die Masse ziehen.
Den kalten Butterblätterteig in kleinen Portionen 2 mm dünn ausrollen. Beliebig grosse Teigdreiecke schneiden oder ein grosses Quadrat in zwei Dreiecke teilen.
Den Rand der Teigdreiecke mit Eiweiss bestreichen. Darauf achten, dass er nicht zusammenklebt. Die Roquefortmasse darauf verteilen, am Rand 3 mm frei lassen. Zu Gipfel (Hörnchen) rollen oder einen grossen Gipfel formen. Den Teig leicht andrücken.

Eigelb und Öl mischen, die Gipfel damit bestreichen und mit Sesamsamen überstreuen. Auf ein abgespültes Backblech legen und mindestens 50 Minuten kalt stellen. Das ist sehr wichtig, sonst läuft die Füllung während des Backens eventuell aus.
Den Backofen auf 180°C vorheizen. Das Backblech auf der zweituntersten Rille einschieben. Kleine Gipfel 20 Minuten, grosse 35 Minuten backen.
Die Broccoliröschen im Dampf der erhitzten Gemüsebouillon knapp garen, mit wenig Salz würzen. Mit den rohen Bleichselleriestückchen mischen und warm als Häufchen auf Teller anrichten.
Zitronensaft, Salz und Pfeffer verrühren. Die beiden Ölsorten beigeben und die Nüsse zufügen.
Die Gemüsehäufchen mit der Nuss-Vinaigrette überziehen. Den Gipfel als Portion oder in Stücke geschnitten dazu anrichten.

Feuilleté mit Spargelspitzen an Schnittlauchsauce

4 Personen · Saison: Dezember bis Juni

100 g Blätterteig (Rezept Seite 247) ·
Salz · 3 Eigelb

6 dl Wasser · 16–20 frische grüne Spargel ·
Salz · 1 Prise Zucker

Für die Schnittlauchsauce:

3 dl Spargelwasser · 1 Schalotte, fein gehackt · 1 Bund Petersilie, fein geschnitten · 5 zerdrückte Pfefferkörner · 3 EL Weisswein · 1 EL dunkler Gemüsefond (Rezept Seite 264) · ½ dl Vollrahm (Sahne), geschlagen · 1 Eigelb · 1 Bund Schnittlauch, grob geschnitten

1 Zweig Estragon · 1 Zweig Kerbel

Vom Blätterteig 3 mm dicke Rechtecke in der Grösse von ca. 5 × 8 cm ausschneiden oder Herzformen ausstechen. Auf ein abgespültes Backblech legen und kalt stellen.
Mit leicht gesalzenem Eigelb bestreichen und im vorgeheizten Backofen bei ca. 180 °C 10 Minuten goldbraun backen. Bei 50 °C 15 Minuten im warmen Ofen ruhen lassen.
Im Dampfgeschirr Wasser und Spargelabschnitte aufsetzen und zum Kochen bringen. Das Sieb mit den ca. 7 cm langen Spargelspitzen daraufgeben und mit Salz und einer Prise Zucker würzen. Den gut schliessenden Deckel auflegen und je nach Dicke der Spargel 4 bis 5 Minuten garen. Sie sollen im Biss fest bleiben.
3 dl Spargelwasser abgiessen und mit Schalotten, Petersilie, Pfefferkörnern und Weisswein auf die Hälfte einkochen.
Absieben, den Gemüsefond zufügen und wieder kurz aufkochen.
Geschlagenen Rahm mit Eigelb mischen und locker darunterziehen. Aufschwingen. Nicht mehr kochen. Zuletzt den grobgeschnittenen Schnittlauch beigeben.

Das Feuilleté mit einem scharfen Messer waagerecht halbieren. Die Spargelspitzen auf dem Blätterteigboden anrichten. Leicht mit schaumiger Sauce überziehen. Mit Estragon und Kerbelblättern garnieren. Den Deckel aufsetzen und sofort servieren.

Tip: Die Sauce wird kräftiger, wenn anstelle von dunklem Gemüsefond Kalbsfond verwendet wird.

Lauchtorte mit schwarzen Trüffeln und leichter Portwein-Sauce

6 bis 8 Personen, für eine Kuchenform von 24—26 cm Durchmesser · Saison: Winter

Für den Teig:

125 g Mehl · 50 g Butter · ½ TL Salz, in ½ dl Wasser gelöst

Für die Füllung:

10 g Butter · 1 Zwiebel, fein gehackt · 400 g Lauch (netto), in Julienne geschnitten · 1 dl trockener Weisswein · 2 dl Doppelrahm (Crème double) · 1 dl Trüffel-Jus (aus Glas oder Dose) · Salz · Pfeffer aus der Mühle · 1 Prise Muskat, frisch gerieben · 2 Eier · 10—20 g schwarze Périgord-Trüffel

Für den Portwein-Jus:

3 dl kräftiger dunkler Gemüsefond (Rezept Seite 264) · 1 dl roter Portwein · 50 g Butter · Salz · Pfeffer aus der Mühle · 5 Tropfen Tabasco oder 1 Prise Cayennepfeffer

10 g Butter für die Backform · 20 g Mehl zum Ausrollen

Das Mehl in eine Schüssel oder auf das Teigbrett sieben. Die kalte Butter in Flocken dazugeben. Mischen, von Hand feinbrösmelig verreiben. Das Salz im Wasser auflösen. In der Mehlmitte eine Vertiefung anbringen. Das Salzwasser einlaufen lassen. Den Teig von der Mitte aus mischen. Nicht kneten, sonst wird er zäh. Leicht zusammendrücken und – in eine Folie eingeschlagen – mindestens 30 Minuten kühl stellen.
Unterdessen die Butter erhitzen, die Zwiebel andämpfen und den Lauch beigeben. Kurz mitdämpfen. Mit Weisswein ablöschen, kräftig einkochen und dann den Doppelrahm zufügen. Bei mässiger Hitze 50 Minuten köcheln lassen. Den Trüffel-Jus darunterziehen. Nach Geschmack mit Salz, Pfeffer und Muskat würzen. Abkühlen lassen, dann die verklopften Eier und die mit einer Gabel fein zerdrückte Trüffel darunterziehen.
Den Gemüsefond mit dem Portwein zur Hälfte eindampfen lassen. Die Butter flockenweise darunterschwenken. Mit Salz, Pfeffer sowie Tabasco oder Cayennepfeffer abschmekken.
Eine Kuchenform mit Butter ausstreichen. Den Teig 2 mm dünn auswallen. Die Form damit auslegen, den Rand andrücken. Wieder 30 Minuten kühl stellen.
Den Backofen auf 180 °C Mittelhitze vorheizen. Die Kuchenform mit dem Teigboden auf der zweituntersten Rille einschieben und 15 Minuten vorbacken.
Herausnehmen, die Füllung auf den Teig geben und weitere 35 Minuten bei gleicher Hitze backen. Den Ofen öffnen, auf 50 °C abkühlen und die Torte 15 Minuten bei dieser Temperatur ruhen lassen.
Aufschneiden und mit warmem Portwein-Jus servieren.

Warmer Kräuterstrudel mit Tomaten

Als Vorspeise oder Zwischengericht, in kleinen Portionen auch als Amuse-Bouche, je nach Grösse für 6 bis 20 Personen · Saison: Frühling bis Anfang Winter

1 Portion Strudelteig aus:

200 g Mehl · 1 gestrichener TL Salz · 1 Ei, verklopft · 1 EL Öl · ½–¾ dl Wasser (je nach Eigrösse)

Für die Füllung:

400 g junger Spinat oder Mangold · etwas Borretsch · 200 g Schalotten, fein gehackt · 20 g Butter · 1 Knoblauchzehe, gepresst · Basilikumblättchen, gehackt · Salz · Pfeffer · 250 g Mozzarella (Frischkäse) · 50 g Rosinen, in Wasser eingelegt · Salz · Pfeffer · 1 TL Senf

1 Eigelb · 3 Tomaten, geschält und gewürfelt · Salz · Pfeffer · 1 Bund Basilikum

Mehl und Salz gut vermischen.
Ei, Öl und Wasser verklopfen, mit dem Mehl mischen und mindestens 5 Minuten lang zu einem glatten, geschmeidigen Teig kneten. Mit einem feuchten Tuch bedecken und eine Stunde in Zimmertemperatur ruhen lassen.
Den Spinat verlesen, den Borretsch in kochendem Salzwasser kurz überwellen. Die Schalotten in der Butter anziehen. Den rohen Spinat, Borretsch, Knoblauch und Basilikum kurz mit erhitzen. Mit Salz und Pfeffer leicht würzen. Die Pfanne vom Herd nehmen.
Den Mozzarella weich rühren, die eingeweichten Rosinen beifügen, mit Salz und Pfeffer würzen und etwas Senf dazugeben. Alles gut mischen.
Den Teig hauchdünn auswallen. Mit der Mozzarella-Masse bestreichen. Dann die abgekühlte Spinat-Kräuter-Mischung

darauf verteilen. Den Teig satt einrollen, mit dem leicht gewürzten Eigelb bestreichen und auf ein bebuttertes Backblech legen.
Den Backofen auf 200°C Mittelhitze vorheizen. Die Kräuterrolle auf der untersten Rille einschieben. Bei 180°C 30 Minuten backen. Noch warm in Tranchen schneiden.
Die Tomatenwürfelchen mit Salz, Pfeffer und feinen Basilikumstreifchen mischen. Zur Kräuterrolle anrichten.
Die Kräuterrolle kann – locker mit Folie bedeckt – bei 50°C im Backofen längere Zeit warm gehalten werden.

Broccoli-Blumenkohl-Timbale mit grüner Velouté und Pinienkernen

6 Portionen · 6 Soufflé-Förmchen, Durchmesser ca. 6,5 cm, Höhe 3,5 cm · Saison: ganzes Jahr

300 g Blumenkohlröschen, netto · 5 dl Wasser · ½ TL Salz

300 g Broccoliröschen, netto · 5 dl Wasser · ½ TL Salz

3 Eier · 3 dl Vollrahm (Sahne) · ½ dl Blumenkohl Kochwasser · ½ dl Broccoli-Kochwasser · 1 Prise Muskat, frisch gerieben · 1 Prise Currypulver

Butter für die Förmchen · 50 g Parmesan, frisch gerieben · 3 dl grüne Velouté · 50 g Pinienkerne

Für die grüne Velouté (für 3 dl Sauce):

30 g Butter · 30 g Mehl · 3 dl heller Gemüsefond (Rezept Seite 263) · Salz · Pfeffer · 1 Prise Muskat · 100 g Spinat, fein püriert · 2 EL Vollrahm (Sahne)

Die Blumenkohlröschen in kochendem Salzwasser 10 bis 15 Minuten garen. Abschütten, die Flüssigkeit auf ½ dl reduzieren. Abkühlen lassen.
Die Broccoliröschen ebenfalls in kochendes Salzwasser geben und ohne zuzudecken 5 bis 10 Minuten garen. Abschütten, die Flüssigkeit auf ½ dl reduzieren. Abkühlen lassen.
Eier, Vollrahm, beide Kochwasser, Muskat und Curry zusammen verklopfen. Nach Geschmack eventuell leicht nachwürzen.
Die Broccoliröschen in die bebutterten Förmchen so verteilen, dass sie zur Hälfte satt damit gefüllt sind. Die Blumenkohlröschen daraufschichten und ebenfalls satt einfüllen. Mit dem Eier-Rahm-Guss auffüllen und den Blumenkohl mit Parmesan bestreuen. Die Förmchen in eine entsprechende Pfanne mit so viel heissem Wasser stellen, dass sie zu dreiviertel darin stehen. Mit Folie decken.
Den Backofen auf 200°C Mittelhitze vorheizen. Das Bain-Marie (Wasserbad) auf der untersten Rille einschieben. Nach 30 Minuten die Temperatur auf 150°C stellen. 50 Minuten pochieren, die Gemüse-Köpfchen mit Folie bedeckt warm halten.
Auf warme Teller stürzen. Mit der Sauce umgeben und diese mit gerösteten Pinienkernen bestreuen.
Butter und Mehl erhitzen und zusammen dämpfen, ohne das Mehl Farbe annehmen zu lassen.
Die Pfanne vom Herd nehmen. Die Masse etwas abkühlen lassen, dann mit dem Gemüsefond ablöschen und unter Rühren aufkochen.
Mit Salz, Pfeffer und Muskat würzen.
Den Spinat im Vapeur-Gerät über Dampf zusammenfallen lassen. Im Mixer ganz fein pürieren, eventuell durch ein Sieb passieren. Das Püree mit der Sauce mischen.
Mit Rahm verfeinern.

Basilikum-Quiche mit Pinienkernen✩

6 bis 8 Personen · Saison: Sommer (Freiland-Basilikum)

Für den Teig:

150 g Mehl · 100 g Butter · 1 gestrichener TL Salz · 1 grosses Ei

Butter für die Backformen · Linsen oder Kirschensteine zum Blindbacken

Für die Füllung:

8 Bund Basilikum · 2 Bund Petersilie · 50 g Pinienkerne · 1 Knoblauchzehe · ½ dl Olivenöl, kalt gepresst · Salz · schwarzer Pfeffer aus der Mühle · 3 Eier · 2 dl Rahm (Sahne)

Das Mehl in eine Schüssel sieben. Die Butter und das Salz beigeben und von Hand fein verreiben, bis die Masse »brösmelig« wird. Das verklopfte Ei zufügen. Den Teig zusammendrücken und kühl stellen.

Den Backofen auf 200°C Mittelhitze vorheizen. Nach ca. 30 Minuten den Teig halbieren. Kreisförmig ausrollen und zwei bebutterte Formen von ca. 18 cm Durchmesser damit auslegen. Dabei den Teigrand etwas hochziehen. Die Teigböden mit einer Gabel mehrmals einstechen, mit Pergamentpapier belegen und Linsen oder Blindbacksteine darauf verteilen. Auf der zweituntersten Rille in den Ofen schieben und ca. 20 Minuten blind backen.

Die Linsen und das Pergamentpapier entfernen.

Die Basilikumblätter und die Petersilie fein hacken.

Die Pinienkerne ohne Butter anrösten und fein mahlen.

Die Knoblauchzehe schälen und pressen.

Alles mit dem Öl im Mörser zu einem Pesto verarbeiten.

Mit Salz und Pfeffer würzen und auf die Teigböden streichen.

Die Eier mit dem Rahm verquirlen. Mit Salz und Pfeffer leicht würzen und über die Kräutermasse giessen.
Nochmals bei ca. 200°C in mittlerer Hitze 20 Minuten backen. Lauwarm servieren.
Zwei kleinere Backformen eignen sich besser als eine grosse, da daraus entsprechend kleinere Stücke geschnitten werden können.

Ei im Töpfchen mit Broccoli und frischen Trüffeln

4 Personen · 4 Soufflé- oder Timbale-Förmchen
Saison: Winter

600 g frische Broccoliröschen · 5 dl heller Gemüsefond (Rezept Seite 263) · Salz · 2 EL Doppelrahm (Crème double) · Pfeffer aus der Mühle · 1 Prise Muskat, frisch gerieben

30 g Butter für die Förmchen · 4 grosse Eier · Salz · evtl. 1 frische weisse Trüffel (etwa 5 g pro Person)

Den Broccoli putzen, die Röschen wegschneiden und im Vapeur-Gerät über heissem Gemüsefond knapp weich kochen. Vorher die Abschnitte – zarte Stiele und junge Blätter – in den Gemüsefond geben und gleichzeitig darin weich kochen. Mit Salz bestreuen. Es sollen netto ca. 200 g Röschen zurückbleiben.
Die Broccoliabschnitte mit etwas Bouillon pürieren und durch ein feines Sieb passieren.
Den Doppelrahm beigeben und die cremige Sauce mit Salz, Pfeffer und Muskat würzen.
Die Sauce und die Broccoliröschen beiseite stellen oder – bei Zubereitung à la minute – warm halten.

Die Förmchen grosszügig ausbuttern und eventuell mit Klarsichtfolie auslegen.
In jedes Förmchen ein Ei schlagen. Salz darüberstreuen. Ein heisses Wasserbad vorbereiten, auf den Boden einen Lappen oder eine Zeitung legen. Die Förmchen hineinstellen, so dass sie zu $\frac{4}{5}$ im heissen Wasser stehen. 7 Minuten zugedeckt pochieren, d.h. vor dem Siedepunkt ziehen lassen. Das Eiweiss soll dabei fest werden, das Eigelb muss flüssig bleiben. Ca. 15 Minuten bei 50°C warm stellen, dann vorsichtig auf heisse Teller stürzen.
Die heisse Broccolisauce rundum anrichten, die Broccoliröschen rund um das Ei plazieren.
Die weisse Trüffel mit einem Messerchen sorgfältig und so wenig wie nötig schaben. Mit Küchenpapier trocknen und am Tisch grosszügig über die Eier hobeln (mit dem speziellen Trüffelhobel).
In Ermangelung von weissen Trüffeln, einer Delikatesse, die in der Regel nur im Winter (November bis Januar) erhältlich ist, kann das Eiköpfchen auch mit einer Scheibe Périgord-Trüffel garniert werden.

Stunden vorher …

Broccoliröschen kochen und Broccolisauce zubereiten.

à la minute …

Eier pochieren.

Lauch-Ravioli an Trüffelsauce

4 bis 6 Personen als Beilage · Saison: Herbst bis Winter

200 g Lauch, in Julienne geschnitten · 1 Schalotte, fein gehackt · 10 g Butter · ½ dl Weisswein · ½ dl Doppelrahm (Crème double) · Salz · Pfeffer · Muskat

1 Portion Nudelteig (Rezept Seite 256) · 50 g Brioche-Brösel · 1 Eiweiss · Salzwasser · 50 g Butter

Für die Trüffelsauce:

2 dl dunkler Gemüsefond (Rezept Seite 264) · ½ dl Madeira · 1 dl Trüffel-Jus (aus Dose) · 20 g Périgord-Trüffel · 20 g Butter · Salz · 1 Prise Cayennepfeffer

Die Lauch-Julienne mit der gehackten Schalotte in der heissen Butter anziehen, bis sie zusammenfallen. Mit Weisswein ablöschen und eindampfen lassen. Den Doppelrahm zufügen und alles ohne Deckel weich kochen. Wenn nötig, etwas Wasser zufügen. Es soll eine kompakte, feste Masse entstehen. Mit Salz, Pfeffer und etwas Muskat würzen.

Den Teig auf einer Holzunterlage mit möglichst wenig Mehl auswallen. Sobald er 2 mm dünn ist, mit dem Handrücken ausziehen, bis er papierfein wird. Auf die eine Teighälfte in Abständen von ca. 10 cm Häufchen von Brioche-Bröseln verteilen, dann auf die Brösel Häufchen von Lauch setzen. Die Zwischenräume mit Eiweiss bestreichen.

Die leere Teighälfte noch etwas ausziehen, damit sie grösser wird. Locker über die belegte Seite schlagen. Die Zwischenräume andrücken und die Ravioli ausschneiden oder mit einem gezackten Ring von ca. 5 cm Durchmesser ausstechen.

Im Salzwasser lagenweise ziehen lassen, dann in der ge-

bräunten Butter wenden und beim Anrichten die heisse Trüffelsauce darübergiessen.
Den Gemüsefond mit Madeira und Trüffel-Jus um ein Drittel einkochen. Die Trüffel mit einer Gabel zerdrücken und darunterziehen. Mit Butter aufschwenken. Mit Salz und Cayennepfeffer nachwürzen.

Cassolette von cremigem Lauch mit Périgord-Trüffeln

4 Personen · Saison: Herbst bis Winter

4–5 Gemüse-Lauchstengel (je nach Grösse) ·
½ dl guter Weisswein · 5 dl Wasser · ½ TL Salz ·
ca. 3 grosse, frische Périgord-Trüffeln
(zusammen 40–50 g) oder Trüffeln aus dem Glas
und 1 dl Trüffel-Jus frisch oder aus dem Glas ·
1 dl Madeira · 1 dl Doppelrahm (Crème double) ·
Salz · schwarzer Pfeffer aus der Mühle ·
1 Prise Muskat, frisch gerieben

Den Lauch waschen, putzen, grüne Blätter ablösen. In 2 bis 3 cm lange Stücke schneiden. Weisswein, Wasser und Salz aufkochen, die Lauchstücke beigeben und darin 7 bis 10 Minuten kochen lassen. Das Kochwasser in ein Pfännchen absieben.
Die frischen Trüffeln putzen, d.h. mit dem Messerchen sauber schaben, die Schale nicht entfernen. Nur wenn nötig, waschen.
Das Lauch-Kochwasser mit dem Madeira aufkochen, die Trüffeln darin 2 Minuten kochen. Dann herausnehmen und mit der Gabel zerdrücken, damit der Trüffelgeschmack voll zur Geltung kommt. Zum Lauch geben.
Den Trüffel-Jus auf 1 dl eindampfen lassen. Den Doppelrahm zufügen und zur Hälfte einkochen.

Verwendet man Trüffeln aus dem Glas, so werden sie ebenfalls zerdrückt. Das Trüffelkochwasser ersetzt man durch Trüffel-Jus.
Lauch und Trüffeln gut mit der Sauce mischen. Nach Geschmack mit Salz, Pfeffer und Muskat nachwürzen.
In vorgewärmten Portionsschälchen anrichten und servieren. Man kann jedes Schälchen mit einer zurückgehaltenen Trüffelscheibe garnieren.

Überbackene Kartoffel-Gnocchi mit Tomaten und Basilikum

Für 8 Personen als Vorspeise, für 4 Personen als Hauptgericht · Saison: ganzes Jahr

600 g Kartoffeln, geschält · 1 l Wasser · ½ EL Salz · 100 g Weisswein oder 100 g Vollkornmehl · 4 Eigelb · 1 gestrichener EL Salz · 1 Prise Muskat, frisch gerieben

1 l Wasser · 1 gestrichener EL Salz · 100 g Parmesan, frisch gerieben · 30 g Butter · Basilikumblättchen

Für die Tomatensauce:

1 Zwiebel, gehackt · 1 Knoblauchzehe, gepresst · 2 EL Olivenöl · 1 Zweig Basilikum, gehackt · 1 Zweig Thymian, Blättchen · 1 Bund Petersilie, gehackt · 1 kg Tomaten, geviertelt · 1 Prise Zucker · Salz · Pfeffer aus der Mühle

Die Kartoffeln im Salzwasser weich kochen. Das Wasser abschütten und die Kartoffeln abdampfen lassen. Anschliessend passieren und abkühlen lassen.

Die kalten Kartoffeln mit Mehl, Eigelb, Salz und Muskat zu einem Teig verarbeiten. Je nach Kartoffelart kann mehr oder weniger Mehl nötig sein.
Die Masse in einen Spritzsack mit ca. 5-mm-Tülle füllen.
Über einer möglichst weiten, mit kochendem Salzwasser gefüllten flachen Pfanne werden mit dem Messer ca. 2 cm lange Stücke abgeschnitten, die man ins kochende Wasser fallen lässt. Dabei wird das Messer immer wieder ins kochende Salzwasser getaucht.
Sobald die Gnocchi an die Oberfläche steigen, noch 2 bis 3 Minuten ziehen lassen. Nicht kochen, nur ziehen lassen!
Mit der Schaumkelle herausnehmen, abtropfen lassen und in eine mit Tomatensauce ausgegossene Gratin-Form verteilen.
Die Gnocchi mit der Tomatensauce sorgfältig mischen, mit Parmesan und Butterflocken bestreuen und bei 200°C Oberhitze kurz überbacken.
Vor dem Servieren feingeschnittene Basilikumstreifen darüberstreuen.
Die Zwiebel und den Knoblauch im Olivenöl andünsten, Basilikum, Thymian, Petersilie und Tomaten beigeben und auf kleinem Feuer 30 Minuten kochen.
Die Sauce passieren und mit Zucker, Salz und Pfeffer abschmecken.

Varianten:

Gnocchi in Butter braten und mit Käse bestreuen oder dem Gnocchi-Teig Kräuter beimengen.

Kalte Zucchini, Aubergine und Peperoni italienisch mariniert

4 bis 6 Personen · Saison: Sommer

4 Zucchini (kleine Zucchetti) · 1 dl Olivenöl, kalt gepresst · 1 Bund Pfefferminze · Salz · schwarze, ganze Pfefferkörner · ½ dl Balsamico-Essig (Aceto di Modena) · 1 kleine zarte Aubergine · 1 Bund Thymian · 2 Lorbeerblätter · 10 schwarze Pfefferkörner · 1 Zweig Rosmarin, fein gehackt · 6 rote Peperoni

Die Zucchini mit Schale längs in 2 mm dünne Scheiben schneiden und in Olivenöl beidseitig backen. Herausnehmen, auf eine Platte legen und mit Pfefferminze, Salz, Pfeffer und Essig marinieren.

Die Aubergine in ebenso dünne Längsscheiben schneiden. Mit Salz bestreuen und etwas ziehen lassen. In Olivenöl beidseitig goldbraun braten. Mit Thymian, Lorbeer, Pfefferkörnern sowie Rosmarin bestreuen und über Nacht ziehen lassen.

Die Peperoni mit Olivenöl bepinseln. Auf ein Backblech legen und in den 200°C heissen Ofen schieben. Rundum mittelbraun rösten. Mit kaltem Wasser abschrecken und schälen. 16 feine Streifen schneiden. Den Rest ohne zu schälen fein pürieren. Durch ein Sieb passieren und würzen.

Pro Person je vier Zucchinischeiben lauwarm auf einen Teller legen, mit Peperonistreifen garnieren und die Aubergine-Scheiben blumenartig dazu arrangieren. Rundum mit Peperonisauce umgiessen.

Gemüse-Terrine mit Tomaten-Vinaigrette

Für eine grosse Terrine-Form von 26 cm Länge
Ergibt 15 bis 18 Tranchen · Saison: Frühling bis Herbst

3 kg Broccoli (ergibt ca. 400 g Röschen) · 3 l Wasser · 2 EL Salz · 1,5 kg Zucchetti · 1 kg Karotten, geschält

6 dl heller Gemüsefond (Rezept Seite 263) · 1 dl Madeira · Salz · Pfeffer aus der Mühle · 20 g Sulzpulver

nach Belieben 450 g pochierte Gänseleber (Foie gras), in Tranchen von 1 cm Dicke geschnitten

Für die Tomaten-Vinaigrette:

3 Tomaten · Wasser · 3 EL Balsamico-Essig · 1 gestrichener TL Salz · schwarzer Pfeffer aus der Mühle · 6–7 EL Distelöl (oder Haselnussöl) · 1 Bund Kerbel · 2 Zweige grobblättrige Petersilie

Die Terrine-Form im Tiefkühler vorkühlen.
Die Gemüse zurüsten. Broccolistiele und -blätter für Suppe verwenden. Die Broccoliröschen in siedendes Salzwasser legen und ohne Deckel weich kochen. Abschütten. Die Zucchetti mit Schale, die Karotten geschält im Salzwasser oder über Dampf im Vapeur-Gerät garen. Sorten getrennt abkühlen lassen. Evtl. mit wenig Salz nachwürzen.
Gemüsebouillon und Madeira mit Salz und Pfeffer aufkochen. Das Sulzpulver darin lösen. Nochmals aufkochen. Boden und Wände der kalten Terrine-Form damit dünn ausgiessen. Im Kühlschrank fest werden lassen.
Karotten und Zucchini längs in etwa 8 cm lange und 1 cm breite Stengelchen schneiden. Die Broccoliröschen auf die fest gewordene Sulz legen, so dass die kurzen Stiele nach oben schauen. Eine dichte Lage eng zusammengeschoben

hineinfüllen. Mit Bouillon angiessen, dann Karotten- und Zucchinistengelchen im Wechsel einlegen. Wieder etwas Bouillon zugeben. Das Gemüse soll knapp bedeckt sein. Die Form in den Kühlschrank respektive Tiefkühler stellen, allerdings nur so lange, bis die Flüssigkeit fest ist. Nach Belieben die Gänseleber-Tranchen einlegen oder mit Gemüse fortfahren, bis die Form satt gefüllt ist. Mit Bouillon aufgiessen.

Über Nacht im Kühlschrank fest werden lassen. Vor dem Stürzen taucht man die Form einen Moment in sehr heisses Wasser und löst den Rand mit einem dünnen Messer.

Die Tomaten im Kreuz mit einem spitzen Messer einritzen. Den Stielansatz rund ausschneiden und die Tomaten einen Moment in kochendes Wasser tauchen. Mit der Schaumkelle herausnehmen und unter kaltem Wasser schnell überbrausen. Die Haut abziehen, Scheiben und davon Würfelchen schneiden. Die Kerne dabei auslösen, evtl. weiterverwenden.

Essig, Salz und Pfeffer zusammenrühren, bis das Salz sich löst. Das Öl beigeben und nochmals mischen.

Die Kräuter fein hacken. Im letzten Moment vor dem Servieren mit den Tomatenwürfelchen unter die Sauce ziehen.

Leichte Pilzterrine

Für eine Terrine-Form von ca. 26 cm Länge
12 bis 15 Portionen · Saison: Herbst

6 dl dunkler Gemüsefond (Rezept Seite 264) · 4 dl Vollrahm (Sahne) · 10 g Maizena, mit 1 EL Gemüsefond angerührt · Salz · Pfeffer aus der Mühle · 25 g Sulzpulver

1 EL Olivenöl · 1 Schalotte, fein gehackt · ½ Knoblauchzehe, gepresst · 600 g Eierschwämmchen (oder andere Pilze wie Feldchampignons, Morcheln, Steinpilze usw.), geputzt · Salz · Pfeffer aus der Mühle · 1 Zweig Thymian

Den Gemüsefond mit dem Rahm um ein Drittel einkochen lassen. Das angerührte Maizena einlaufen lassen. Mit Salz und Pfeffer würzen. Das Sulzpulver einrühren und passieren.
Das Olivenöl erhitzen. Die Schalotte und den Knoblauch anziehen, die Pilze beigeben und kurz andämpfen.
Mit Salz, Pfeffer und Thymian würzen. Die Pilze absieben, das Pilzwasser zur Terrineflüssigkeit geben.
Die Terrine-Form mit Flüssigkeit ausgiessen und im Kühlschrank anziehen lassen. Dann die Pilze einlegen und den Rest der Flüssigkeit dazugeben.
Im Kühlschrank 4 bis 5 Stunden fest werden lassen.
Vor dem Stürzen einen Moment in kochendheisses Wasser tauchen und mit einem Messer vom Rand lösen.

Zucchini im Töpfchen

4 Personen · Saison: Herbst bis Winter

2 junge, zarte Zucchini · 10 g Butter · ½ Zwiebel, sehr fein gehackt

½ dl trockener Weisswein · 4 Petersilienstiele, zusammengebunden · 1 Stück Lorbeerblatt · 1 Nelke

einige schwarze Trüffelscheiben

10 g Butter für die Förmchen

1 dl dunkler Gemüsefond (Rezept Seite 264) · 1 TL Trüffelfond (aus Glas oder Dose) · 1 dl Rahm (Sahne) · 20 g Parmesan, frisch gerieben

Die Zucchini in dünne Scheiben schneiden. Die Butter zerfliessen lassen, die Zwiebel andämpfen. Die Zucchini beigeben und erhitzen, bis sie glasig werden.
Den Weisswein darübergiessen, Petersilienstiele, Lorbeer und Nelke zufügen. Alles kurz aufkochen lassen. Der Wein soll eindampfen und das Gemüse dabei halbweich werden. Die Zucchinischeiben aus der Pfanne nehmen und mit Trüffelscheiben gemischt in bebutterte, feuerfeste Förmchen geben.
Den Gemüsefond in die Pfanne giessen, zur Hälfte eindampfen lassen und alles absieben. Den Trüffelfond sowie den Rahm zufügen. Alles zusammen ein paar Minuten kochen lassen. Die Zucchini mit der zarten Sauce überziehen. Den Käse spurenweise darüberstreuen.
Den Backofen auf 220° C Mittelhitze vorheizen. Die Töpfchen auf ein Backblech stellen und bei starker Ober- oder Grillhitze 3 bis 5 Minuten überkrusten.

Suppen

Kalte Tomatensuppe mit Basilikum und grünem Pfeffer

4 Personen · Saison: Sommer

1 l heller Gemüsefond (Rezept Seite 263) · 1 grosses Bund Basilikum · 20 g Butter · 1 Schalotte, fein gehackt · 1 Msp Knoblauch, gepresst · 1 kg Tomaten, in Stücke geschnitten · Salz · Pfeffer aus der Mühle · 1 Prise Zucker · 2 EL Wodka · 2 dl Vollrahm (Sahne), geschlagen · 12 grüne Pfefferkörner, zerdrückt

Den Gemüsefond (Bouillon) mit der Hälfte des Basilikums 30 Minuten kochen lassen.
Die Butter erhitzen. Schalotte, Knoblauch und Tomatenstücke darin anziehen. Mit der abgesiebten Gemüsebouillon ablöschen und alles 40 Minuten kochen lassen. Passieren, würzen und abkühlen lassen. Eventuell mit zurückbehaltenem Gemüsefond verdünnen.
Mit Wodka abschmecken, mit geschlagenem Rahm verfeinern und nachwürzen. Die restlichen Basilikumblätter in Streifen schneiden und darunterziehen.
Den grünen Pfeffer dazugeben und die Suppe in vorgekühlte Tassen anrichten.

Sauerampfersüppchen mit Knoblauch-Croûtons

4 Personen · Saison: Frühling bis Sommer

4 EL Olivenöl · ½ Knoblauchzehe, gepresst · 100 g altbackene Weissbrot- oder Brioche-Würfelchen, ganz klein geschnitten

7 dl heller Gemüsefond (Rezept Seite 263) · ½ dl Noilly Prat · 2 dl Vollrahm (Sahne) · 2 Bund Sauerampfer · ½ Zitrone, Schale fein abgerieben (nur das Gelbe) · Salz · Pfeffer aus der Mühle · 1 dl Vollrahm (Sahne), geschlagen

Das Olivenöl mässig erhitzen und die Knoblauchzehe kurz andämpfen. Die Brotwürfelchen beigeben und darin goldbraun rösten. Auf Küchenpapier entfetten und beiseite stellen.

Gemüsefond, Noilly Prat, Rahm und Sauerampfer (ohne Stiele) um ca. ⅓ eindampfen lassen. Alles im Mixer fein pürieren und durch ein feines Sieb passieren.

Zitronenschale, Salz und Pfeffer beigeben und die Suppe vor den Siedepunkt erhitzen. Den geschlagenen Rahm beigeben und unter kräftigem Schwingen nochmals vor den Siedepunkt bringen.

Anrichten, die Brotwürfelchen separat dazu servieren und am Tisch als Einlage in die Suppe geben.

Kürbissuppe mit Mandeln✩

4 Personen · Saison: Sommer bis Herbst

1,5 kg Kürbis, geschält · 5 dl kräftige Gemüse- oder entfettete Fleischbouillon · 2,5 dl Milch · 2,5 dl Vollrahm (Sahne) · 10 g Zucker · 40 g süsse Mandeln, geschält und fein gerieben · 40 g bittere Mandeln, geschält und fein gerieben · 50 g Butter · Salz · Pfeffer · 1 Msp Muskat, frisch gerieben

Die grobgeschnittenen Kürbisstücke in Bouillon mit der Milch, dem Rahm und Zucker in ca. 40 Minuten weich kochen.

Die beiden Mandelsorten beigeben und nochmals 10 Minuten ziehen lassen. Durch ein feines Sieb passieren.

Mit der Butter, die flockenweise beigegeben wird, verfeinern. Nach Geschmack mit Salz, Pfeffer und Muskat würzen.

Fleischbouillon macht die Kürbissuppe geschmacklich kräftiger.

Erbsensüppchen mit Pfefferminze

4 Personen · Saison: Sommer

200 g grüne Erbsen, fein püriert ·
½ l helle Gemüsebouillon (Rezept Seite 263) ·
1 Zweig Pfefferminze · Salz · Pfeffer
aus der Mühle · 1 Prise Zucker · 2 dl Vollrahm
(Sahne), geschlagen · 20 g ganze Erbsen
als Einlage

Das Erbsenpüree mit der Gemüsebouillon und drei gehackten Pfefferminzplättchen 10 Minuten ohne Deckel vor dem Siedepunkt ziehen lassen. Passieren, Salz, Pfeffer und Zukker beigeben.
Die Suppe wieder vor den Siedepunkt erhitzen. Den geschlagenen Rahm beigeben, mit dem Schwingbesen locker darunterziehen und nochmals sehr heiss werden lassen, aber nicht kochen.
Das luftige Süppchen in vorgewärmte Tassen anrichten. Gekochte ganze Erbsen als Einlage verteilen und die Suppe mit Streifen von Pfefferminzblättchen bestreuen.

Tip: Grüne Gemüse verlieren die Farbe, wenn sie zugedeckt gekocht werden.

Wirsingsuppe mit Brot-Croûtons✩

4 bis 6 Personen, je nach Menge · Saison: Sommer bis Winter

1 Zwiebel, geschält · 40 g Sellerie, geschält · 1 Karotte, geschält · ½ Lauch, geputzt · 40 g Butter · 400 g Wirsing, geputzt, netto · 1 EL Mehl · 8 dl kräftige helle Gemüsebouillon (Rezept Seite 263)

1 dl Vollrahm (Sahne) · Salz · Pfeffer aus der Mühle · 50 g Butter · 1 dl Vollrahm (Sahne), geschlagen

2 Scheiben Weissbrot, altbacken, in kleine Würfel geschnitten · 50 g Butter

Die Zwiebel, den Sellerie, die Karotte und den Lauch in kleine Stücke schneiden und in Butter gut andünsten.
Den Wirsing putzen, zerkleinern und dazugeben. Die Gemüse mit dem Mehl bestäuben, gut umrühren und mit der Bouillon auffüllen. Leise köcheln lassen. Mit dem Mixer pürieren und anschliessend durch ein Haarsieb passieren.
Die Suppe zurück in die Pfanne geben, den Rahm dazurühren und zur gewünschten Dicke einkochen. Mit Salz und Pfeffer würzen. Mit der Butter aufschwingen, den Schlagrahm darunterziehen. Aufwallen lassen.
Die Brotwürfel in heisser Butter goldgelb rösten und im letzten Moment über die Suppe streuen.
Auf die gleiche Art kann die Suppe mit Federkohl oder mit Rosenkohl zubereitet werden.

Maisrahmsüppchen mit Eierschwämmchen✩

4 bis 6 Personen · Saison: Frühling bis Sommer

2 l Wasser · 2 gestrichene EL Salz ·
1–2 Maiskolben (brutto ca. 300 g), geputzt

2 Frühlingszwiebeln mit Grün · 100 g Eierschwämmchen (oder Feldchampignons)

20 g Butter · 50 g Maisgriess · 1 Msp Knoblauchzehe, gepresst · 8 dl kräftige Gemüsebouillon (Rezept Seite 263) · Salz · Pfeffer aus der Mühle · 1 Msp Muskat, frisch gerieben · 5 Tropfen Tabasco · 2 dl Vollrahm (Sahne), geschlagen

20 g Butter

Das Wasser mit Salz aufkochen, den (die) Maiskolben hineinlegen und 15 Minuten kochen. Herausnehmen. Die Spitze des Maiskolbens wegschneiden, die Körner abstreifen.
Die gerüsteten Zwiebelchen mit dem zarten Grün schräg in dünne Ringe schneiden. Die Pilze putzen, kleine Eierschwämmchen ganz lassen, grössere halbieren respektive vierteln.
Die Butter zerfliessen lassen, den Maisgriess darin anschwitzen. Den Knoblauch beigeben, mit der Gemüsebouillon ablöschen und alles 20 Minuten kochen lassen.
Mit Salz, Pfeffer, Muskat und Tabasco abschmecken und die Suppe mit dem Mixstab (Schneidemesser) kurz durchrühren. Wieder erhitzen, den Rahm locker darunterziehen.
Die Hälfte der Butter in einer separaten Pfanne zerfliessen lassen und die Zwiebelringe mit den Pilzen darin anziehen. Die Maiskörner oder kleine Maiskolben separat in der restlichen Butter wärmen.
Die heisse Suppe in Suppenteller anrichten. Die Einlage hineingeben.

Kerbelschaumsuppe

4 Personen · Saison: Frühling bis Sommer

*1 Zwiebel · 1 Lorbeerblatt ·
1 Nelke · 2 Karotten · 1 Lauch ·
1/8 Sellerie · 10 Champignons, in Scheiben
geschnitten · 10 g eingesottene Butter (Butter-
schmalz) · 1 Bund Kerbelstiele · 2 l kaltes
Wasser · 2 Kartoffeln, geschält und in Würfel
geschnitten · 4 schwarze Pfefferkörner,
zerdrückt · 1 dl Doppelrahm (Crème double)*

*Salz · 1 Prise Muskat, frisch gerieben ·
3 Bund Kerbel, sehr fein gehackt · 1 dl Voll-
rahm (Sahne), geschlagen*

Die Zwiebel halbieren, mit der Schale auf der heissen Herdplatte braun anrösten (eine Folie als Zwischenlage verwenden) und mit wenig Lorbeer und einer Nelke bestecken.
Die übrigen Gemüse putzen, fein schneiden und in Butter so lange andämpfen, bis alles gut riecht. Die Zwiebel mit den Kerbelstielen beigeben, mit kaltem Wasser auffüllen und 30 Minuten kochen lassen. Absieben.
Kartoffelwürfel und Pfefferkörner mit dem Doppelrahm beigeben. Wieder 30 Minuten kochen lassen, dann alles fein pürieren und eventuell durch ein Sieb passieren.
Mit Salz und Muskat würzen. Den Kerbel einen Moment mitkochen lassen.
Vor dem Servieren den Rahm locker darunterziehen und mit Kerbel garnieren.

Feine Käsesuppe (Cremesuppe)

4 bis 8 Personen (je nach Menge) · Saison: ganzes Jahr

1½ l dunkle Gemüsebouillon, schwach gewürzt (Rezept Seite 264) · 50 g Reismehl · 1 dl Wasser · Muskat · Pfeffer · 1 dl Rahm (Sahne) · 150 g Parmesan, gerieben

6 Eigelb · 100 g geröstete Weissbrotwürfel · 50 g Butter

Die Bouillon aufkochen.
Das Reismehl mit dem kalten Wasser anrühren und einlaufen lassen. Die Suppe aufkochen, mit Muskat und Pfeffer würzen.
Den Rahm mit dem Parmesan verrühren. Als Teig der Suppe beigeben, weitere 5 Minuten kochen, damit der Käse sich löst.
Die Eigelb in der Suppenschüssel verrühren.
Die Brotwürfel in der Teflonpfanne bei kleiner Hitze in Butter hellbraun rösten.
Die Suppe unter gutem Rühren über die Eier giessen. Die Brotwürfel vor dem Servieren obenauf streuen.

Andalusischer Gazpacho

(nach Paul Spuhler, Grand Hotel Dolder, Zürich)

6 bis 8 Personen · wird kalt gegessen · Saison: Sommer

500 g Tomaten · 1 grüne Peperone, halbiert und entkernt · 1 kleine Gurke · 1 Ei, hart gekocht · 1 kleine Zwiebel · 1 Knoblauchzehe · 120 g Englischbrot ohne Rinde (Modelbrot respektive Kastenbrot oder Weissbrot in Form gebacken) · 2 dl Milchwasser (halb Milch, halb Wasser)

½ dl Tomaten-Ketchup · 1 dl (100 g) Mayonnaise (Rezept Seite 258) · 1 EL Olivenöl, kalt gepresst · 1 EL Apfel- oder Weinessig · ½ EL Zucker · ½ EL Rosenpaprikapulver · 1 EL Mandeln, geschält und gerieben

Für die Einlage:

6 Gurkenscheiben ohne Schale und Kerne · ½ Zwiebel · ½ Peperone, geschält · 1 kleine fleischige Tomate, geschält · 1 Ei, hart gekocht, geschält und getrennt

Die Tomaten, die Peperone, die Gurke sowie das hartgekochte, geschälte Ei in kleine Würfel schneiden und in eine tiefe Schüssel geben.
Die Zwiebel und die Knoblauchzehe schälen, klein schneiden und zum Gemüse geben.
Das Englischbrot im Milchwasser aufweichen, ein wenig ausdrücken und ebenfalls den Gemüsen beifügen.
Das Ketchup, die Mayonnaise, das Öl sowie den Essig über die Gemüse verteilen und mischen.
Den Zucker, das Paprikapulver und die Mandeln zufügen und alles 24 Stunden im Kühlschrank marinieren.
Dann die Masse in Mixer sehr fein pürieren. Durch ein Haarsieb (sehr feines Passiersieb) streichen und bis zum

Servieren kalt stellen. Vor dem Anrichten eventuell mit etwas Wasser verdünnen.
Gurken, Zwiebel, Peperone, Tomate, Eiweiss und Eigelb in kleine Würfel schneiden und auf die angerichtete Suppe streuen.

Tip: Der Gazpacho wird geschmacklich besser, wenn er in grossen Mengen zubereitet wird.
Damit die Suppe wirklich kühl serviert werden kann, empfiehlt es sich, die Suppentassen im Kühlschrank oder Tiefkühler vorzukühlen.

Kartoffelsuppe mit Steinpilzen (und weissen Trüffeln)✩

4 bis 6 Personen (je nach servierter Menge)
Saison: Herbst

1 EL Butter · ½ Zwiebel, fein gehackt · ½ Knoblauchzehe, gepresst · 1 Zweig Thymian, Blättchen abgestreift · ½ Lauchstengel, in Streifen · 30 g Sellerie, in Würfeln · 50 g Steinpilzabschnitte, geputzt · 800 g Kartoffeln, geschält und gewürfelt · 1 l dunkle Gemüsebouillon (Rezept Seite 264)

Für die Einlage:

1–3 Virgule-Kartoffeln mit Schale, möglichst kleine, oder 50 g Kartoffeln, in sehr kleine Würfel geschnitten · ½ l Salzwasser

1 kleiner Lauch, in Julienne geschnitten · 10 g Butter

1 bis 2 Steinpilze (je nach Grösse) · 1 TL Olivenöl · Salz

Salz · Pfeffer · 1 Prise Muskat · 1 Zweig Thymian, Blättchen abgestreift

Die Butter erhitzen, Zwiebeln, Knoblauch und Thymian darin glasig dämpfen.
Lauch, Sellerie und Steinpilzabschnitte mit den Kartoffelwürfelchen kräftig darin anziehen.
Mit Bouillon ablöschen und alles 50 Minuten leise ziehen lassen.
Die Suppe mit dem Mixstab pürieren und durch ein feines Sieb passieren.
Die Virgule-Kartoffeln waschen, in wenig Salzwasser oder im Dampf in 20 Minuten weich kochen. Falls man gewöhnliche Kartoffeln als Einlage verwendet, ebenfalls in Salzwasser oder über Dampf weich kochen.
Die Lauchstreifen in Butter kurz anziehen. Vom Herd nehmen.
Die Steinpilze putzen, in Scheiben schneiden und im Olivenöl beidseitig kurz andämpfen. Salz darüberstreuen und in die Suppenteller verteilen.
Die Virgule-Kartoffeln längs halbieren und pro Portion je eine halbe Kartoffel als Einlage verwenden.
Die Suppe mit Salz, Pfeffer und Muskat würzen. Anrichten, mit Thymianblättchen und Lauchstreifen bestreuen.
In Wintermonaten kann man die Suppe am Tisch mit weissen Trüffeln bereichern.

Hauptgerichte

Zucchiniblüten, gefüllt mit Mousse von Feldchampignons auf Linsen

4 Personen · Saison: Sommer

1 l Wasser · 1 Lorbeerblatt · Salz · 4 Pfefferkörner, zerdrückt · 1 Frühlingszwiebel mit Grün, längs halbiert · 150 g Linsen · 1 EL Balsamico-Essig · 2 EL Mandelöl

Für die Pilzmousse:

600 g Feldchampignons (braune) · 10 g Butter · 1 Schalotte, fein gehackt · 1 Bund Petersilie, fein gehackt · ½ Knoblauchzehe, gepresst · ½ Salz · Pfeffer · Saft von ¼ Zitrone · 1 dl Rahm (Sahne), geschlagen · 1 Eiweiss, steif geschlagen

5 dl helle Gemüsebouillon (Rezept Seite 263) · 4–8 Zucchiniblüten (je nach Grösse)

Das Wasser mit Lorbeerblatt, Salz, Pfefferkörnern und Zwiebel aufkochen. Die Linsen beigeben und darin weich kochen. Abschütten, Lorbeerblatt und Zwiebel entfernen. Noch warm mit Balsamico-Essig und Mandelöl marinieren. Mit Salz nachwürzen. Warm halten.

Die Pilze putzen, wenn nötig waschen. Die Butter erhitzen, feingehackte Schalotte, Petersilie und Knoblauch andämpfen. Die Pilze grobgeschnitten zufügen. Mit Salz, Pfeffer und Zitronensaft abschmecken. Kurz zusammenfallen lassen, dann in ein Sieb abschütten und pürieren.

Wieder in die Pfanne geben und den Saft bei mässiger Hitze verdampfen lassen, bis ein trockenes Püree entsteht.

Etwas abkühlen lassen, dann mit Schlagrahm vermischen und den Eischnee darunterziehen. Die feste Mousse eventuell mit dem Spritzsack in die Zucchiniblüten füllen.

Die Gemüsebouillon im Dampfgerät erhitzen. Das Sieb bebuttern und die Zucchiniblüten hineinlegen. Über Dampf je nach Grösse 5 bis 7 Minuten garen. Die warmen Linsen anrichten und die Zucchiniblüten darauflegen.

Kresse-Ei in Morchel-Ragout

4 Personen · Saison: Frühling bis Spätherbst

200 g frische, kleine Morcheln · 5 dl Wasser · 1 gestrichener TL Salz

10 g Butter · 1 Schalotte, fein gehackt · 1 Msp Knoblauchzehe, gepresst · 1 dl trockener Weisswein · 1 dl Doppelrahm (Crème double) · Salz · Pfeffer · 1 Zweig Thymian, abgestreifte Blättchen

4 Trinkeier · 1 l Wasser · Salz

200 g Brunnenkresse · 3 dl Wasser · 1 gestrichener TL Salz · 1 dl Doppelrahm (Crème double) · Salz · Pfeffer aus der Mühle · 1 Prise Muskat, frisch gerieben · 1 Prise Zucker

1 Handvoll schöne Kresseblätter zum Garnieren

Die Morcheln gründlich waschen. Der Sand muss vollständig weggespült sein. Grössere Morcheln der Länge nach halbieren.
Das Wasser mit dem Salz aufkochen und die Morcheln 15 Minuten vor dem Siedepunkt darin ziehen lassen. Mit der Lochkelle herausnehmen. Das Wasser auf 1 dl eindampfen lassen und durch einen Kaffeefilter passieren. Für die Sauce zurückbehalten.
Die Butter erhitzen. Schalotte und Knoblauchzehe darin glasig andämpfen. Die Morcheln beigeben. Kurz mitdämp-

fen, dann mit Weisswein ablöschen und die Flüssigkeit bei guter Hitze verdampfen lassen. Das Morchelwasser zufügen, wieder kurz einkochen und den Doppelrahm beigeben. Weitere 5 Minuten kochen, beiseite ziehen und mit Salz, Pfeffer und Thymian nachwürzen.
Die Trinkeier nacheinander in heisses Wasser gleiten lassen. Einmal auf den Siedepunkt erhitzen, dann die Temperatur so reduzieren, dass die Eier 7 Minuten vor dem Siedepunkt ziehen können. Mit kaltem Wasser abschrecken, schälen und kurz in heissem Salzwasser halten.
Die Kresse verlesen, grobe Stiele entfernen und waschen. Das Wasser mit Salz aufkochen. Die Kresse beigeben und 2 bis 3 Minuten blanchieren. Sie fällt dabei stark zusammen. Fein pürieren.
Die Kresse in ein Pfännchen giessen und den Doppelrahm, Salz, Pfeffer, Muskat und Zucker beigeben. Minutenschnell aufkochen, bis die Sauce samtig fein ist. Eventuell durch ein feines Sieb passieren.
Die warmen Eier aus dem Wasser nehmen. Sorgfältig abtrocknen und auf der stumpfen Seite einen »Boden« schneiden. Auf eine flache, warme Unterlage stellen und mit der heissen Kressecreme sorgfältig überziehen.
Das Morchel-Ragout auf vorgewärmte flache Teller (oder eine Platte) anrichten. Die überzogenen Eier mit Hilfe eines Spachtels ins Ragout stellen. Mit zurückbehaltener Kresse garnieren und sofort servieren.

Erbsen-Mousseline mit Kefen und Tomaten auf Basilikumsauce

4 bis 6 Portionen, je nach Förmchengrösse
4 bis 6 Mousseline-Förmchen, mit Butter ausgestrichen oder mit Klarsichtfolie ausgelegt
Saison: Frühling bis Sommer

1 kg Erbsen (netto 400 g) · ½ l Wasser · 1 TL Salz · 1 Prise Zucker · 20–24 gekochte Erbsen, zum Garnieren · 3 EL Doppelrahm (Crème double) · 1 Prise Muskat, frisch gerieben · 50 g Parmesan, frisch gerieben · 1 Bund Basilikum · Salz · Pfeffer aus der Mühle · 4 Eiweiss (120 g) · 1 dl Vollrahm (Sahne)

1 dl kräftige helle Gemüsebouillon (Rezept Seite 263) · 3 EL Doppelrahm (Crème double) · 1 dl Vollrahm (Sahne), leicht geschlagen · ½ TL Zitronensaft · Salz · Pfeffer

200 g zarte kleine Kefen (Zuckerschoten) · 2 dl Gemüsebouillon für den Vapeur · 1 fleischige Tomate, geschält

Die Erbsen enthülsen. Das Wasser mit Salz und Zucker aufkochen. Die Erbsen darin ohne Deckel weich kochen. Abschütten. 20 bis 24 Erbsen für die Garnitur beiseite legen. Ein Wasserbad bereitstellen. Den Ofen auf 180 °C vorheizen. Die Erbsen im Mixer ganz fein pürieren.
Mit Doppelrahm, Muskat, Parmesan und einem feingehackten Basilikumblatt mischen. Mit Salz und Pfeffer nach Geschmack würzen.
Die Eiweiss halbsteif schlagen, mit dem geschlagenen Rahm locker unter die Erbsenmasse ziehen, in die vorbereiteten Förmchen füllen und glattstreichen. Die Förmchen ins heis-

se Wasserbad stellen und auf der untersten Rille in den Ofen schieben. 30 Minuten bei 200°C pochieren. Die Wassertemperatur soll ca. 85°C betragen. Bei 50°C Backofenhitze warm halten.
Für die Sauce die Gemüsebouillon mit dem Doppelrahm und dem Vollrahm um ein Drittel einkochen. 4 bis 6 (je nach Grösse) ganz feingehackte Basilikumblätter darunterziehen. Mit Zitronensaft, Salz und Pfeffer würzen.
Die Kefen zurüsten, über Gemüsedampf im Vapeur-Gerät weich garen und leicht salzen. Die geschälte Tomate halbieren und von den Kernen befreien. In Streifen schneiden.
Die heisse Sauce auf vorgewärmte Teller anrichten. Die Mousselines dazu stürzen, mit Kefen, Tomatenstreifen und zurückbehaltenen Basilikumblättern garnieren. Die Erbsen als Garnitur dazustreuen.

Artischockentorte✩

Für 6 Personen als Hauptgericht, für 12 bis 16 Personen als Vorspeise oder als Amuse-Bouche
Saison: Sommer bis Spätherbst

Für den Teig:

300 g Weissmehl · 2 dl Wasser · 2 EL Olivenöl · 1 EL Zitronensaft · 1 TL Salz

Für die Artischockenfüllung:

3–4 l Wasser · 1 EL Salz · ½ Zitrone · 20 g Butter · 8–10 Artischocken, je nach Grösse der Böden · 200 g Ricotta (Frischkäse) · 3 Eier · 1 dl Vollrahm (Sahne) · 2 EL Peccorino, gerieben · Parmesan, frisch gerieben · Salz · Pfeffer

Für die Fertigstellung der Torte:

1 dl Olivenöl zum Bepinseln der Teigschichten · 20 g Butter · 1 Kuchenblech mit Rand oder 1 Springform, ca. 24 cm Durchmesser · 2 Eigelb zum Bestreichen

Das Mehl in eine Schüssel sieben. Wasser, Öl, Zitronensaft und Salz zusammen verklopfen. In die Mehlmitte einlaufen lassen. Zusammenrühren und zu einem elastischen Teig kneten. 30 Minuten unter einem erwärmten Schüsselchen ruhen lassen (wie beim Nudelteig).
Das Wasser für die Artischocken in einem hohen Topf mit Salz, Zitrone und Butter aufkochen.
Die Artischockenstiele ausbrechen und die Artischocken in die siedende Flüssigkeit tauchen. Vor dem Siedepunkt je nach Grösse 45 bis 50 Minuten ziehen lassen.
Herausnehmen, das Kochwasser eventuell für Suppe aufbewahren. Die Artischocken abkühlen lassen, die Böden sauber auslösen und in Würfel schneiden.

Essbare Teile von den Blättern abschaben und zur Ricotta geben. Die Eier, den Rahm, Peccorino, Parmesan und die Artischockenwürfel ebenfalls mit der Ricotta mischen und mit Salz und Pfeffer würzen. Sollte die Mischung noch ziemlich trocken sein, was von der Ricotta abhängt, evtl. mit etwas Artischockenkochwasser anfeuchten (es darf natürlich nicht bitter sein).
Den Teig dritteln und das erste Drittel dünn auswallen. Wie einen Strudelteig hauchdünn ausziehen und mit Olivenöl bepinseln. Das bebutterte Kuchenblech damit belegen, den Teig über den Rand hängen lassen. Die Füllung daraufgeben und mit dem zweiten und dritten – ebenfalls hauchdünn ausgezogenen und mit Olivenöl bepinselten – Teigdrittel belegen. Vorsicht, die Teigblätter dürfen keine Risse haben, sonst gehen sie beim Backen nicht auf. Die Ränder wegschneiden, und schliesslich die nun dreifach überlappenden Teigschichten gleichmässig zurückschneiden und gegen innen zu einem Kranz einrollen. Mit Eigelb bestreichen und bei 200 °C ca. 15 bis 20 Minuten goldgelb backen. Durch die eingeschlossene Luft wölben sich die oberen Teigschichten beim Backen.

Zum Vorbereiten geeignet:

Tags zuvor ...

die Artischockenfüllung fix und fertig zubereiten. Mit Folie bedeckt im Kühlschrank aufbewahren.

Stunden vorher ...

den Teig zubereiten, die Torte formen respektive einfüllen.

à la minute ...

backen.

Feuilleté von frischen Morcheln mit Sellerie

4 Personen · Saison: Herbst

200 g Butterblätterteig (Rezept Seite 247) · 20 g Mehl zum Ausrollen · 2 Eigelb · 1 TL Öl · 1 Prise Salz

200 g frische, kleine Morcheln · 3 dl heller Gemüsefond (Rezept Seite 263) · Salz · 1 dl Madeira · 1 dl Vollrahm (Sahne) · 2 EL Trüffelfond (aus Dose) · 1 dl Doppelrahm (Crème double) · 200 g Sellerieknolle, in kleine Würfelchen geschnitten · Pfeffer aus der Mühle · 1 Prise Muskat, frisch gerieben

20 g Butter · 1 Schalotte, fein gehackt · ½ Knoblauchzehe, gepresst · ½ Zitrone

Den Teig 2 bis 3 mm dünn ausrollen und in Dreiecke von ca. 7 cm Länge schneiden. Auf ein nasses Backblech legen. Die Eigelb mit Öl und Salz verrühren und die Teigoberfläche damit bepinseln. Mindestens eine Stunde in den Kühlschrank stellen.

Den Backofen auf 180 °C Mittelhitze vorheizen.

Die Morcheln gründlich waschen. Der Sand muss vollständig weggespült sein. Grössere Morcheln der Länge nach halbieren.

Den Gemüsefond mit dem Salz aufkochen. Die Morcheln beigeben und 15 Minuten vor dem Siedepunkt darin ziehen lassen. Mit der Lochkelle herausnehmen. Die Kochflüssigkeit auf 1 dl eindampfen lassen und durch einen Kaffeefilter absieben. Für die Sauce zurückbehalten.

Morchelfond, Madeira, Rahm, Trüffelfond und Doppelrahm mischen. Bei mässiger Hitze um ca. ⅓ einkochen lassen. Die Selleriewürfelchen beigeben und ca. 10 weitere Minuten mitkochen. Mit Pfeffer und einer Prise Muskat würzen.

Die Feuilletés auf der untersten Rille in den Backofen schieben, 15 Minuten luftig und goldgelb backen. Weitere 10 Minuten im abgestellten Backofen ruhen lassen.
Die Butter erhitzen, die Schalotte und den Knoblauch andämpfen und die Morcheln beigeben. Mit der Gemüsesauce (inklusive Selleriewürfelchen) ablöschen. Gut mischen und nach Geschmack nachwürzen. Mit ein paar Zitronentropfen verfeinern. Warm halten.
Die Feuilletés quer durchschneiden. Auf heisse Teller legen und mit Selleriewürfelchen respektive Morcheln bedecken. Mit der feinen Sauce überziehen. Die Blätterteigdeckel aufsetzen und sofort servieren.

Omelettenrolle mit Eierschwämmchen (Pfifferlinge) in grüner Sauce

4 Personen · Saison: Sommer

Für die Sauce:

2 dl dunkler Gemüsefond (Rezept Seite 264) · 2 dl Doppelrahm (Crème double) · ¼ Zitrone · 3 EL sehr feines Püree von gleichen Teilen Spinat, Italo-Peterli, Kerbel und Kresse · Salz · Pfeffer · 1 Prise Zucker · 1 Prise Muskat, frisch gerieben

6 Eier · 1,5 dl Vollrahm (Sahne) · 1 Zweig Petersilie, fein gehackt · Salz · Pfeffer aus der Mühle

200 g Eierschwämmchen (Pfifferlinge) · 1 EL Olivenöl · 1 Schalotte · ½ Knoblauchzehe · 1 Zweig Thymian, Blättchen abgestreift · Salz · Pfeffer

30 g Butter · 50 g Parmesan, frisch gerieben · 1 Bund grobblättrige Petersilie · 1 Bund Kerbel

Den Gemüsefond mit dem Doppelrahm und 1 TL Zitronensaft um ein Drittel einkochen. Das Kräuterpüree beigeben. Gut mischen, aufkochen und durch ein feines Sieb passieren. Mit Salz, Pfeffer, Zucker und Muskat würzen.
Beiseite stellen.
Die Eier mit Rahm, Petersilie und Würze verklopfen.
Die Pilze putzen. Im letzten Moment, wenn nötig, kalt überbrausen und grössere Schwämmchen klein schneiden. Das Olivenöl leicht erhitzen. Die Schalotte mit Knoblauch und Thymianblättchen andämpfen. Die Pilze beigeben, 2–3 Minuten miterhitzen und mit Salz und Pfeffer würzen. Beiseite ziehen.
Die Hälfte der Butter in einer möglichst grossen, flachen Teflonbratpfanne erhitzen. Die Omelettenmasse beigeben. Einen Moment stocken lassen, den Pfannenrand entlang etwas Butter nachfliessen lassen. Sobald der Boden fest, die Oberfläche aber noch feucht ist, den Käse daraufstreuen und die warmen Pilze (ohne Saft) darauf verteilen. Die Omelette mit Hilfe einer Bratschaufel möglichst satt einrollen. Auf eine Platte stürzen, mit Folie satt decken und bei 60 °C 10 Minuten in den warmen Backofen stellen.
Die heisse Sauce auf vorgewärmte Teller verteilen. Die Omelettenrolle in 1 bis 1½ cm dicke Scheiben schneiden und pro Person 3 bis 4 Stücke in die Sauce legen. Mit Kräutern garnieren.

Tips zum Vorbereiten:

Stunden vorher …

die grüne Sauce vorbereiten
die Pilze zurüsten, alle Pilzzutaten bereithalten
die Omelettenmasse anrühren

à la minute …

Pilze anziehen
Omelettenrolle backen
Sauce wiedererhitzen.

Champagner-Risotto mit grünen Spargelspitzen

4 Personen · Saison: Januar bis Mai

1 Bund grüne Spargel (ca. 20 Stück) · 1 l Wasser · 1 gestrichener EL Salz · 10 g Butter · 1 Prise Zucker

1 EL Butter · 1 Zwiebel, fein gehackt · 200 g Rundkornreis · 2 dl französischer Champagner brut · 6 dl Spargelkochwasser · 50 g Parmesan, frisch gerieben · 1 Msp abgeriebene Zitronenschale · 50 g Butter · ½ dl Champagner

Die Spargel zurüsten. Zarten grünen Spargel braucht man nicht zu schälen. Die Spitzen in einer Länge von ca. 5 cm wegschneiden.

Das Wasser mit Salz, Butter und Zucker aufkochen. Die Spargelenden hineinlegen und ca. 7 Minuten weich kochen. Herausnehmen und für Spargelgratin, Suppe oder Salat weiterverwenden. Die Spitzen ins aromatische Spargelkochwasser legen und 3 bis 4 Minuten (je nach Dicke) auf den Punkt kochen. Sie sollen knackig bleiben. Herausnehmen und warm halten. Das Spargelkochwasser weiter einkochen, bis es kräftig ist und etwa 6 dl zurückbleiben.

Für den Risotto die Butter erhitzen, die Zwiebel andämpfen und den Reis beigeben. Glasig dämpfen, dann mit Champagner ablöschen. Die Flüssigkeit ganz verdampfen lassen.

Das Spargelkochwasser zufügen und den Risotto bei öfterem Umrühren ca. 18 Minuten kochen lassen. Er soll »suppig« werden, im Kern aber »al dente« bleiben.

Den Käse darunterziehen, die Zitronenschale beigeben und mit Butter verfeinern.

Zuletzt die Spargelspitzen darunterheben. Mit einem Spritzer Champagner abschmecken. Sofort servieren.

Tip: Der Risotto wird kräftiger, wenn 3 dl Spargelwasser durch entfettete Hühnerbrühe ersetzt werden.

Tags zuvor …

können die Spargel vorgekocht werden. Das Spargelkochwasser aufbewahren.

à la minute …

sollte der Risotto gekocht werden; ganz zum Schluss den Champagner beigeben.

Cannelloni mit Mangold gefüllt an Parmesansauce✩

4 Portionen · Saison: Sommer bis Herbst, Mangold kann durch Spinat ersetzt werden

½ Portion Nudelteig (Rezept Seite 256) · Mehl zum Ausrollen · 2 l Wasser · 1 EL Salz · 1 EL Öl

Für die Füllung:

500 g junger Mangold · 1 Bund Borretsch · ½ l Wasser · ½ EL Salz · 2 EL Olivenöl · 200 g Schalotten, gehackt · 1 Knoblauchzehe, gepresst · 6 Basilikumblättchen · 250 g Mozzarella (Frischkäse) · Pfeffer · Salz · 1 TL Senf · 10 g Butter für die Gratin-Form

Für die Sauce:

30 g Butter · 30 g Mehl · 2 dl Milch · 2 dl Vollrahm (Sahne) · 100 g Parmesan, frisch gerieben · 1 Knoblauchzehe, gepresst · 1 Prise Muskat, frisch gerieben

evtl. 1 Tomate, geschält, entkernt und gewürfelt

Den Nudelteig nach Rezept vorbereiten. Ruhen lassen, dann mit Hilfe von wenig Mehl 2 mm dick ausrollen. Teigstücke in der Grösse von ca. 10×8 cm ausschneiden.
Das Wasser mit Salz und Öl in einer flachen, weiten Pfanne aufkochen. Ein feuchtes Tuch auf einer flachen Unterlage bereitlegen, ebenso eine flache Schaumkelle.
Die Cannelloni-Scheiben nach und nach ins kochende Wasser legen. Die Pfanne vom Feuer nehmen und vor dem Siedepunkt 3 bis 4 Minuten ziehen lassen. Die Teigstücke auf einem nassen Tuch ausbreiten und abkühlen lassen.
Das Mangold verlesen, waschen, grobe Blattrippen auslösen.
Den Borretsch säubern, mit dem Mangold in kochendem Salzwasser minutenschnell überwellen.
Das Olivenöl erhitzen, Schalotten, Borretsch, Knoblauch und Basilikumblättchen andämpfen.
Abkühlen lassen und fein hacken, dann mit Mozzarella, Pfeffer, Salz und Senf gut mischen.
Man kann auch alle Zutaten in den Mixer geben und so durchrühren respektive zerkleinern. Die ausgelegten Cannelloni-Scheiben mit der abgekühlten Kräutermasse halbfingerdick bestreichen. Aufrollen. Nebeneinander in eine bebutterte Gratin-Form legen.
Butter und Mehl bei mässiger Hitze vermischen. Die Pfanne vom Feuer nehmen, die Milch dazugiessen und unter Rühren aufkochen. Den Rahm beigeben, ebenso den Parmesan, den Knoblauch und den Muskat.
Die Sauce mischen.
Den Backofen auf 200 °C Mittelhitze vorheizen.
Die Cannelloni mit der Parmesansauce überziehen. Die Tomatenwürfelchen nach Belieben daraufstreuen. Auf der mittleren Rille in den Ofen schieben und 20 Minuten goldbraun überbacken.

Gemüsestrudel mit Sojakeimlingen auf Kerbel-Sabayon

8 bis 12 Portionen · Saison: ganzes Jahr

1 Portion Strudelteig (Rezept Seite 257)

400 g Sojakeimlinge · 1 EL Butter · 1 Zwiebel, fein gehackt · 4 EL milde Sojasauce

1 l Salzwasser · 600 g Broccoliröschen, netto · 400 g Karotten, in kleine Würfelchen geschnitten · 300 g Erbsen · 2 Maiskolben

Mehl zum Ausrollen · 100 g Butter, flüssig · 1 Bund Schnittlauch, fein gehackt · 1 Bund Petersilie, fein gehackt · 100 g Parmesan, frisch gerieben · Salz · Pfeffer · 1 Portion Käse-Rahm-Sauce (Rezept Seite 261) · 50 g Baumnüsse (Walnüsse), gehackt

Butter fürs Backblech oder Backpapier · 100 g Butter, flüssig · 1 dl Vollrahm (Sahne) · 100 g Baumnüsse (Walnüsse), grob gehackt

Den Teig nach Rezept vorbereiten.
Die Sojakeimlinge verlesen, waschen. Die Butter mit der feingehackten Zwiebel erhitzen, die Sojakeimlinge beigeben und andämpfen.
Mit Sojasauce ablöschen, 3 bis 4 Minuten köcheln lassen.
Das Salzwasser aufkochen, die Broccoliröschen darin knakkig garen.
Danach die Karotten weich kochen, ebenso die Erbsen und die Maiskolben. Die Maiskörner abstreifen. Alle Gemüse nach Sorten getrennt bereitstellen.
Den Strudelteig auf dem bemehlten Tisch auswellen. Mit dem Handrücken ausziehen, bis er durchsichtig wird. Den Teig auf ein bemehltes Tuch legen und die ganze Fläche mit flüssiger Butter einpinseln.

Die Sojakeimlinge auf dem Teigboden so verteilen, dass rundum ein 3–4 cm breiter Rand frei bleibt. Dann mit Broccoli, Maiskörnern, Karotten und Erbsen decken.
Schnittlauch und Petersilie darüberstreuen, ebenso den Parmesan. Mit Salz und Pfeffer leicht nachwürzen.
Die Käse-Rahm-Sauce über die Gemüse streichen. Die Nüsse darüberstreuen.
Den Backofen auf 200°C vorheizen. Den Teig mit Hilfe des hochgehobenen Tuches zum Strudel einrollen.
Das Backblech bebuttern oder mit Backpapier belegen. Den Strudel mit der Schliessnaht nach unten hufeisenförmig darauflegen.
Grosszügig mit flüssiger Butter, die mit dem Rahm gemischt wurde, bestreichen. Auf der zweituntersten Rille in den Backofen schieben. Alle 10 Minuten wieder mit der Butter-Rahm-Mischung bepinseln.
Nach 20 Minuten die Nüsse daraufstreuen. Ca. 40 Minuten backen, dann 15 Minuten bei leicht geöffneter Backofentür und auf 50°C reduzierter Temperatur ruhen lassen.

Für den Kerbel-Sabayon:
(ca. 3 dl, passt zu Gemüse-, Fleisch- oder Käsestrudel · Saison: Frühjahr und Sommer)

3 Eigelb · 1 dl kräftige helle Gemüse- (oder Fleisch-)Bouillon (Rezept Seite 263) · ½ Zitrone, Saft und Schale · 1 dl Vollrahm (Sahne) · 1 gestrichener TL Salz · schwarzer Pfeffer aus der Mühle · 3 Bund Kerbel, fein gehackt

Ein heisses Wasserbad vorbereiten.
Eigelb, Bouillon, Zitronensaft und -schale sowie den Rahm zusammen in einer feuerfesten Schüssel verklopfen. Über dem Wasserbad mit dem Schwingbesen (oder Stabmixer) aufrühren, bis eine schaumige, kompakte Masse entsteht.
Mit Salz und Pfeffer würzen und den Kerbel zuletzt darunterziehen.
Sofort servieren.

Alternative:

Anstelle von Kerbel-Sabayon kann auch eine Gemüsesauce (Artischocken, Kohlraben, Karotten) dazu serviert werden.

Risotto mit weissen Trüffeln

4 Personen · Saison: Oktober bis Dezember

2 EL Olivenöl · 200 g Rundkornreis (Vialone) · 1 Zwiebel, fein gehackt · 1 Knoblauchzehe, gepresst · 1 Zweig Thymian · 1 Zweig Oregano · 1 Zweig Rosmarin · 1 dl trockener Weisswein · 7,4 dl helle Gemüsebouillon (Rezept Seite 263), oder kräftige Geflügelbrühe · 20 g Butter · 2 EL Rahm (Sahne), geschlagen · 50 g Parmesan, frisch gerieben · 1 TL Trüffelöl · 40 g weisse Trüffel, geschabt

Das Olivenöl erhitzen. Den Reis hineingeben und unter Rühren glasig erhitzen. Zwiebel und Knoblauchzehe mitdämpfen. Abgestreifte Blätter von Thymian, Oregano und Rosmarin fein hacken und zufügen. Mit Weisswein ablöschen und ihn zur Hälfte einkochen lassen. Ein Drittel der Gemüsebrühe dazugiessen. Unter öfterem Rühren leicht kochen lassen, bis keine Flüssigkeit mehr vorhanden ist. Das zweite Drittel der Flüssigkeit beigeben und einkochen lassen. Kurz vor dem Servieren die restliche Bouillon zufügen. Mit Butter, Rahm, Parmesan und Trüffelöl verfeinern. Die gereinigte Trüffel mit dem Trüffelhobel darüberraspeln.

Besonders kräftig im Geschmack wird der Risotto, wenn er mit entfetteter Hühnerbrühe abgelöscht wird.

Käse-Pudding mit feinem Ratatouille

4 Portionen · Saison: Frühling bis Spätherbst

4 Souffle-Förmchen (Durchmesser 5–6 cm) · 30–40 g Butter · 30 g Paniermehl

50 g Mehl · 1 dl Milch · 2 dl Vollrahm (Sahne) · 150 g Parmesan, frisch gerieben · ½ TL Salz · 1 Prise Muskat, frisch gerieben · schwarzer Pfeffer aus der Mühle · 4 Eigelb · 6 Eiweiss, steif geschlagen

Für das Ratatouille:

2 Tomaten, geschält · 1 Aubergine · 2 rote Peperoni, geschält · 1 grosse Zucchetti · 1 EL Olivenöl · ½ Zwiebel · ½ Knoblauchzehe, gepresst · 1 dl guter Rotwein · 1 Zweig Thymian, Blättchen abgestreift · 1 TL Rosmarinnadeln · Salz · Pfeffer

1 Zweig Thymian · 1 Zweig grobblättrige Petersilie

Die Förmchen mit Butter grosszügig auspinseln und mit Paniermehl ausstreuen. Den Backofen auf 200°C Mittelhitze vorheizen. Ein viereckiges Bratgeschirr (Bräter) bereitstellen, den Boden mit Küchenpapier oder mit einem Küchenlappen bedecken.

Mehl, Milch und Rahm in einem Pfännchen mit dem Schwingbesen anrühren. Langsam aufkochen. Die Pfanne von der Herdplatte ziehen. Dem Käse etwas Salz (vorher den Salzgehalt des Käses prüfen), Muskat und Pfeffer beifügen und in die Pfanne geben. Die Masse auskühlen lassen, dann die Eigelb und zuletzt den gut geschlagenen Eischnee locker darunterziehen.

Die Masse in Förmchen füllen und den Bräter so hoch mit heissem Wasser füllen, dass die Förmchen zu ⅘ im Wasser

stehen. Auf die heisse Herdplatte stellen, bis sich die Puddinge erwärmt haben und leicht aufgehen. Jetzt auf der untersten Rille in den vorgeheizten Backofen schieben und die Puddinge bei 180 °C ca. 25 Minuten backen.
Für das Ratatouille entkernte Tomaten, Aubergine, Peperoni und Zucchetti in kleine Würfelchen schneiden. Bei jungem Gemüse kann die Haut mitverwendet werden. Das Olivenöl erhitzen, Zwiebel und Knoblauch andämpfen und das Gemüse beigeben. Kurz miterhitzen, mit Rotwein ablöschen und die Flüssigkeit verdampfen lassen.
Die Thymianblättchen und die gehackten Rosmarinnadeln daruntermischen. Das Gemüse ca. 40 Minuten bei mässiger Hitze kochen lassen. Mit Salz und Pfeffer würzen.
Das Ratatouille kann auch »à la minute« zubereitet werden. Man schneidet dann das Gemüse in sehr kleine Brunoise (Würfelchen) und lässt Tomaten sowie Rotwein weg. Diese Art sieht attraktiver aus, der Geschmack entwickelt sich aber weniger intensiv.
Das Ratatouille auf heisse Teller anrichten und den Käse-Pudding dazu servieren oder auch auf das Ratatouille stürzen. Mit Thymian und Petersilie garnieren.

Strudel, gefüllt mit Kraut und Champignons, an Tomatensauce

8 bis 12 Portionen · Saison: Herbst bis Winter

1 Portion Strudelteig (Rezept Seite 257)

Für die Füllung:

10 g eingesottene Butter · 2 Zwiebeln, fein gehackt · 1 Knoblauchzehe, gepresst · 1 Wirsing, in feine Streifen geschnitten (netto 600 g) · 1 Kabis (Weisskohl), in feine Streifen geschnitten (netto 400 g) · ½ dl Wasser oder Bouillon · Salz · Pfeffer

6 Karotten, geschält, in 5–6 cm lange Stengelchen geschnitten · Salzwasser mit 1 Prise Zucker

1 dl Vollrahm (Sahne) · 400 g Feldchampignons, in Scheiben · 1 Msp Zitronenschale, abgerieben (nur Gelbes) · 1 Bund Schnittlauch, fein gehackt · 1 Bund Petersilie, fein gehackt · Salz · Pfeffer · 1 Prise Muskat

Mehl zum Ausrollen · 100 g Butter, flüssig

100 g Parmesan, frisch gerieben · Butter fürs Backblech oder Backpapier · 100 g Butter, flüssig · 1 dl Vollrahm (Sahne)

Tomatensauce (Rezepte Seite 259/260)

Den Teig nach Rezept vorbereiten.
Die Butter erhitzen, die Zwiebeln und die Knoblauchzehe beigeben und andämpfen. Den Wirsing und den Kabis zufügen. Bei mässiger Hitze zugedeckt dämpfen, bis alles zu-

sammenfällt. Eventuell ½ dl Wasser oder Bouillon zugeben. Mit Salz und Pfeffer würzen. Abkühlen lassen.
Die Karotten separat in Salzwasser mit Zucker oder über Dampf weichkochen. Abkühlen lassen.
Den Rahm aufkochen, die vorbereiteten Champignons zufügen und darin 5 bis 6 Minuten kochen lassen. Mit Zitronenschale, Kräutern, Salz, Pfeffer und Muskat würzen. Ebenfalls beiseite stellen.

Den Strudelteig auf dem bemehlten Tisch auswallen. Mit dem Handrücken zu einem grossen Rechteck ausziehen, bis er durchsichtig wird. Den Teig auf ein bemehltes Tuch legen und mit kalter flüssiger Butter bepinseln.
Den Backofen auf 200 °C Mittelhitze vorheizen.
Das gemischte Kraut möglichst ohne Flüssigkeit auf den Teigboden verteilen. Die Karottenstengel darauflegen, mit den Champignons decken und den Rahm, in dem die Champignons gekocht wurden, darüberträufeln. Mit Käse dicht bestreuen. Den Teig mit Hilfe des hochgehobenen Tuches zum Strudel einrollen.
Das Backblech mit Butter bestreichen oder mit Backpapier belegen. Den Strudel mit der Schliessnaht nach unten hufeisenförmig darauflegen.
Butter und Rahm mischen. Den Strudel grosszügig damit bepinseln. Auf der zweituntersten Rille in den heissen Ofen schieben und 40 Minuten bei gleicher Temperatur backen. Alle 10 Minuten den Strudel mit der restlichen Butter-Rahm-Mischung bestreichen. Nach dem Backen die Ofentür öffnen und den Ofen auf 50 °C abkühlen lassen. Den Strudel noch 15 Minuten darin ruhen lassen.
Mit Tomatensauce servieren.

Alternative:

Die Krautfüllung wird besonders kräftig, wenn zusammen mit den Zwiebeln und dem Knoblauch 150 g Speckwürfelchen angeröstet werden.

Gemüse-Crêpes mit Tofu an Kohlrabensauce

4 Portionen · Saison: mit Pilzvariationen, wie z.B. Champignons, das ganze Jahr

Für den Crêpes-Teig:

50 g Butter, flüssig · 3,5 dl Vollmilch · 150 g Weissmehl · Salz · 1 Prise Muskat, frisch gerieben · 4 Eier, verklopft

Für die Füllung:

350 g Eierschwämmchen (Pfifferlinge) brutto · 1 kleine Schalotte, fein gehackt · 1 EL Olivenöl · 10 g Salz · Pfeffer aus der Mühle · 1 Zweig Thymian · 20 g Butter · 1 Knoblauchzehe, gepresst · 180 g feiner, frischer Spinat, gezupft und gewaschen (netto) · Salz · Pfeffer aus der Mühle · 250 g Tofu · 30 g Butter · 2 TL Madras-Currypulver

Für die Sauce:

250 g Kohlraben · 1 dl Milch · 1 dl Wasser · 1,8 dl Vollrahm (Sahne) · 50 g Butter · Salz · Pfeffer · Muskat

50 g Butter · 50 g Parmesan, frisch gerieben

Für das Tomaten-Coulis:

200 g Tomaten · ½ Zwiebel, gehackt · 1 Msp Knoblauch, gepresst · 20 g Butter · 2 Blatt Basilikum · ½ dl Wasser · 1 Prise Zucker · Salz · Pfeffer

Die erwärmte Butter kurz abkühlen lassen und mit der kalten Milch mischen. Das Mehl in eine Schüssel sieben, in der Mitte eine Vertiefung anbringen und Salz, Muskat, Milch-Butter und die Eier in die Mehlmitte geben. Den Teig von der Mitte aus sorgfältig, d.h. ohne Knollen, anrühren. In

Zimmertemperatur mindestens 30 Minuten ruhen lassen. Wenn nötig, den dünnflüssigen Teig passieren.
Die Eierschwämmchen putzen, eventuell waschen. Die Schalotte in heissem Olivenöl anziehen und die geschnittenen Eierschwämmchen darin andämpfen. Mit Salz, Pfeffer und Thymian würzen.
Die Butter in der Pfanne zergehen lassen. 1 Msp Knoblauch dazugeben und den Spinat darin schwenken. Mit Salz und Pfeffer würzen.
Den Tofu in kleine Würfelchen (Brunoise) schneiden und in der Butter sautieren. Mit Curry bestäuben, mit Salz würzen.
Für die Sauce die Kohlraben schälen, in kleine Stücke schneiden und in Milchwasser weich kochen. Die Hälfte des Sudes abschütten. Den Rest samt Kohlraben mit dem Stabmixer fein pürieren.
Den Rahm dazugeben und zur gewünschten Dicke einkochen.
Zuletzt mit Butter verfeinern. Nach Geschmack mit Salz, Pfeffer und Muskat würzen.
Die Butter jeweils in kleinen Stücken in einem Teflonpfännchen (16 bis 18 cm Ø) erhitzen. Den Crêpes-Teig mit dem Saucenschöpfer in kleinen Mengen beigeben, so dass der Teig als hauchdünne Fläche den Pfannenboden überzieht. Die Crêpes nacheinander backen.
Jedes Crêpe erst mit Spinat, dann mit Pilzen und Tofu belegen. Zur Hälfte überschlagen und dann in eine bebutterte Gratin-Form legen.
Die Crêpes mit der Kohlrabensauce überziehen und mit Käse bestreuen.
Die Tomaten vierteln.
Die Zwiebel und den Knoblauch in der Butter andünsten. Tomaten sowie Basilikum dazugeben und mit ½ dl Wasser auffüllen.
Bei kleiner Hitze 20 Minuten köcheln lassen. Mit Zucker, Salz und Pfeffer würzen. Im Mixer fein pürieren. In die Pfanne zurückgeben und einkochen lassen.
Den Backofen auf 200°C vorheizen.

Kurz vor dem Servieren die Crêpes für 15 Minuten in den Backofen schieben und überbacken. Die Tomatensauce auf heisse Teller verteilen, und die Gemüse-Crêpes mit der Kohlrabensauce daraufsetzen.

Tip: Die Crêpes können schon tags zuvor gebacken werden.

Gefüllter Steinpilz mit Pilzragoût

Pro Person · Saison: Herbst

1 grosser Steinpilz

150 g kleine Würfel von Zucchini, Peperoni und Tomate gemischt · 1 Zweig Thymian, abgestreifte Blättchen · 1 EL Olivenöl · Salz · Pfeffer

1 EL Olivenöl · 1 Schalotte, fein geschnitten · 1 Knoblauchzehe, gepresst · Salz · Pfeffer · 1 EL Parmesan, frisch gerieben

1 EL Olivenöl · Salz · Pfeffer · 1 Zweig Thymian

Den Stiel sorgfältig vom Pilzkopf trennen. Den Kopf mit einem feuchten Küchenpapier säubern. Nicht waschen. Die Lamellen ausschneiden. Den Stiel putzen und in grobe Würfel teilen.
Das Gemüse (Peperoni und Tomate geschält) mit den Thymianblättchen im Olivenöl andämpfen. Mit Salz und Pfeffer würzen und beiseite stellen.
In einem anderen Pfännchen wiederum Olivenöl erhitzen. Schalotte und Knoblauch bei mässiger Hitze anziehen. Den gesäuberten Pilzkopf daraufstellen. Mit Salz und Pfeffer würzen, den Deckel auflegen und 5 Minuten leise schmoren lassen.

Herausnehmen, den Saft mit den Schalotten zum vorbereiteten Gemüse mischen und alles in den Pilzkopf einfüllen. Mit Käse bestreuen und unter den vorgeheizten Backofengrill stellen.
Im Bratensatz nochmals Olivenöl erhitzen, die Pilzwürfel zugeben und andämpfen. Mit Salz und Pfeffer würzen, ein paar Thymianblättchen zufügen und beiseite ziehen.
Den gratinierten Pilzkopf anrichten und das Pilzragoût rundum arrangieren.

Verlorene Wachteleier auf hausgemachten Nüdeli an feiner Tomatensauce

4 Personen · Saison: Nüdeli und Wachteleier: ganzes Jahr, Tomate: Sommer

Für die Wachteleier:

1 l Wasser · 1 EL Apfelessig · Salz · 12 Wachteleier · 10 g Butter

Für die Nüdeli:

300 g Weissmehl · 4 EL Wasser · 1 TL Salz · 2 Eier · 1 EL Olivenöl, kalt gepresst · Mehl zum Auswallen · 3 l Wasser · 2 EL Salz · 1 EL Olivenöl · 50 g Butter · 150 g Parmesan, frisch gerieben · 2 dl Vollrahm (Sahne)

1 Portion feine Tomatensauce (Rezept Seite 259) · 4 Cherry-Tomaten

Das Wasser in einer weiten, flachen Stielpfanne mit dem Essig aufkochen. Ein zweites warmes Salzwasser bereitstellen, um die pochierten Eier darin warm zu halten.
Die Wachteleier nacheinander in eine Tasse aufschlagen.

Einen tiefen Suppenlöffel mit etwas Butter auspinseln. Ein Ei nach dem anderen in den Suppenlöffel geben und diesen ins heisse Essigwasser halten. Das Eiweiss wird dabei langsam fest und überzieht das Eigelb. Es können auch mehrere Suppenlöffel gleichzeitig ins Wasser getaucht werden. Das braucht dann allerdings viel Übung.
Sobald das Wachtelei wachsweich ist (3 bis 4 Minuten) lässt man es sorgfältig aus dem Löffel gleiten und legt es, bis zum Anrichten, in das bereitstehende warme Salzwasser.
Das Mehl in eine Schüssel sieben. In der Mitte eine Vertiefung machen. Wasser, Salz, Eier und Öl zusammen verklopfen. In die Mehlmitte einlaufen lassen und den Teig von der Mitte aus anrühren. Kneten und in einer bei Zimmertemperatur erwärmten feuchten Schüssel 30 Minuten ruhen lassen.
Den Teig mit möglichst wenig Mehl hauchdünn auswallen. Eventuell mit dem Handrücken dünn ausziehen. Feine Nüdeli schneiden.
Wasser, Salz und Olivenöl aufkochen. Die Nüdeli lagenweise 2 bis 3 Minuten darin ziehen lassen. Gleichzeitig etwas Butter leicht anbräunen, die Nüdeli portionsweise darin drehen und in einer Schüssel warm halten.
Zuletzt mit Käse und Rahm mischen und als Kranz auf vorgewärmte Teller (oder eine flache Platte) anrichten. Unter dem heissen Grill 5 bis 7 Minuten überkrusten.
Die heisse Tomatensauce rund um die Nüdeli giessen. Je drei verlorene warme Wachteleier daraufsetzen und mit Tomatenrosetten (abgeschnittene Haut von Cherry-Tomaten) garnieren.

Tip: Die Tomatensauce kann tags zuvor zubereitet werden. Sie eignet sich auch für andere Teigwarengerichte.

Kartoffeltorte mit Petersilie und Madeira-Jus

8 bis 12 Personen; für eine flache Kuchenform von
ca. 26 cm Durchmesser · Saison: ganzes Jahr

*ca. 400 g Butterblätterteig (Rezept Seite 247) ·
Mehl zum Ausrollen · Butter für die Form*

*1 kg rohe Kartoffeln brutto · 1 grosses
Bund Petersilie · Salz · schwarzer Pfeffer ·
1 Prise Muskat · 5 dl Vollrahm (Sahne) ·
1 dl Trüffel-Jus (aus Dose) · 30 g Périgord-Trüffel
in Scheiben · 100 g Parmesan, frisch gerieben ·
1 grosses Bund Petersilie, fein gehackt ·
2 Eigelb · ½ TL Öl · 1 Prise Salz*

Für den Madeira-Jus:

*3 dl dunkler Gemüsefond (Rezept Seite 264) ·
1 dl Madeira · 50 g Butter · Salz · Pfeffer aus der
Mühle · 4 Tropfen Tabasco*

Die Hälfte des kalten Blätterteiges 2 mm dünn und etwa 5 cm grösser als der Durchmesser der Form ausrollen. Die Kuchenform ausbuttern und mit dem Teigboden auslegen. Den Teigrand hochziehen und überlappen lassen. Den Boden mit einer Gabel mehrmals einstechen.

Die Kartoffeln schälen, waschen und in hauchdünne Scheiben schneiden. Mit einem Küchentuch oder Küchenkrepp trocknen.

Petersilie fein hacken.

Mit Salz, Pfeffer und einer Prise Muskat mischen.

Den Vollrahm mit Salz leicht würzen, mit dem Trüffel-Jus mischen und die gewürzten Kartoffeln im Rahm 10 Minuten leise kochen lassen.

Den Backofen auf 250 °C Mittelhitze vorheizen.

Den Teigboden mit der Kartoffelmasse und den Trüffelschei-

ben auffüllen. Mit Parmesan und Petersilie überstreuen. Den restlichen Blätterteig ausrollen.
Eigelb, Öl und Salz verrühren. Den Teigrand damit bestreichen. Den Teigdeckel auflegen, den Teigrest wegschneiden. Die ganze Oberfläche mit Eigelb bepinseln. Wieder 30 Minuten kühl stellen.
Auf der untersten Rille in den Backofen schieben und bei 250 °C 15 Minuten backen. Dann auf 90 °C stellen und weitere 30 Minuten backen.
Die Kartoffeltorte warm aufschneiden. Den heissen Jus rundum dazugiessen.
Den Gemüsefond mit dem Madeira um ein Drittel eindampfen lassen. Mit der Butter aufschwenken und mit Salz, Pfeffer und ein paar Tropfen Tabasco nachwürzen.

Alternative:

Wer Trüffel weglässt, kann die Torte mit einer Lage Lauchstreifen, in Zwiebeln und Butter angedünstet und mit Weisswein halbweich gedämpft, bereichern.

Gemüse-Timbale

Pro Person · Saison: ganzes Jahr

½ Peperone · 1 EL Olivenöl · 1 kleine Tomate · 50 g Aubergine · 1 TL Olivenöl · 1 Zweig Thymian · Salz · Pfeffer

50 g Blattspinat · 10 g Butter · 1 TL Schalotte, gehackt · 1 Msp Knoblauch, gepresst · Salz · Pfeffer

100 g Eierschwämmchen · 1 TL Olivenöl · 1 TL Schalotte, gehackt · 1 Msp Knoblauch, gepresst · 1 Zweig Thymian · Salz · Pfeffer

1 kleine Zucchini · Salz · Pfeffer · 1 EL Olivenöl

1 Tomatenröschen, geschnitten und geformt aus einer Cherry-Tomate · 1 Zweig Thymian

Den Backofen auf 250°C Mittelhitze vorheizen. Die Peperone mit Olivenöl bepinseln und mit der Hautseite nach oben auf ein Backblech legen. Im Ofen rösten, bis die Peperone Farbe annimmt. Mit kaltem Wasser abschrecken und die Haut abziehen. In kleine Würfelchen schneiden. Die Tomate in kochendes Wasser tauchen. Herausnehmen, ebenfalls kalt abschrecken, schälen und in Würfelchen schneiden.
Die Aubergine – wenn jung und zart samt Haut – ebenfalls kleinwürfelig schneiden.
Das Olivenöl in einem Pfännchen erhitzen, Aubergine- und Peperonewürfelchen kurz andämpfen. Thymianblättchen, Salz, Pfeffer und zuletzt Tomatenwürfelchen zufügen. Mit dem Pfännchen in den 80°C heissen Backofen stellen. So warm halten.
Den Spinat säubern, grobe Stiele entfernen. Die Butter erhitzen, Schalotte und Knoblauch andämpfen. Den Spinat

beigeben und kurz miterhitzen, bis er zusammenfällt. Mit Salz und Pfeffer würzen, ebenfalls warm halten.
Die Eierschwämmchen putzen, eventuell klein schneiden, wenn nötig waschen. Das Olivenöl erhitzen, Schalotte und Knoblauch andämpfen. Die Pilze zufügen. Kurz erhitzen, mit Salz und Pfeffer würzen, die Thymianblättchen beigeben, warm stellen.
Die Zucchini schräg in 2 mm dünne Scheiben schneiden. Mit Salz und Pfeffer würzen und im Olivenöl kurz braten.
Einen Teigausstechring von ca. 8 cm Durchmesser auf einen flachen heissen Teller stellen. Die Zucchinischeiben als erste Lage bodendeckend und dachziegelartig einlegen. Darauf das Ratatouille-Gemüse verteilen. Die Pilze darüberlegen und mit Spinat abschliessen. Gut andrücken. Das Einfüllen muss sehr rasch vor sich gehen, damit die Gemüse nicht kalt werden.
Auf einen heissen Teller stürzen. Den Ring vorsichtig entfernen, und die Timbale mit Tomatenröschen und Thymianzweiglein garnieren.

Gefüllte Zwiebeln in Meersalz geschmort✡

nach Cesare

4 Portionen · Saison: ganzes Jahr

4 grosse rote Zwiebeln, ungeschält · 2 kg grobkörniges Meersalz · 1 dl Wasser · 1 Zwiebel, grob gehackt · 2 dl Rahm (Sahne) · Salz · Pfeffer · 1 Prise Muskat, frisch gerieben · 80 g Parmesan, frisch gerieben · 1 Ei · 50 g Butter

30 g Parmesan, frisch gerieben · 20 g Paniermehl (z. B. Reste von Brioche) · 50 g Butter

Den Backofen auf 250 °C vorheizen. Die Zwiebeln am Stielansatz rund und fein einschneiden. In Meersalz einbetten, so dass sie gut bedeckt sind. Mit Wasser beträufeln und in den Ofen schieben. Bei 220 °C 35 Minuten garen. Aus dem Salz nehmen und wenig abkühlen lassen.

Die Zwiebel im Rahm weich kochen. Würzen, den Parmesan und das Ei sowie die Butter beigeben.

Die Zwiebeln dem Einschnitt entlang öffnen. Die innersten Teile auslösen, so dass eine Höhlung entsteht. Mit der Zwiebelmasse mischen. Alles fein pürieren und in die Zwiebeln einfüllen.

Mit Parmesan und Paniermehl überstreuen und mit Butterflocken belegen. Unter Oberhitze hellbraun überbacken.

Das Gericht kann gut vorbereitet und bei 70 °C im Ofen über längere Zeit warm gehalten werden.

Kartoffelpastete mit Lauch

8 bis 12 Personen · Saison: ganzes Jahr

20 g Butter für das Backblech · 600 g Butterblätterteig (Rezept Seite 247) · Mehl zum Auswallen

2 kg Gemüselauch, sehr fein geschnitten · 1 Zwiebel, fein gehackt · 20 g Butter · 2 dl Weisswein · ½ l Vollrahm (Sahne) · Salz · 1 Prise Muskat · schwarzer Pfeffer, frisch aus der Mühle

1 kg Kartoffeln, in hauchdünne Scheiben geschnitten · 2 dl Vollrahm (Sahne) · Salz · Pfeffer · Muskat · 1 kleine Knoblauchzehe, gepresst · 50 g Greyerzerkäse, frisch gerieben · 3 Eigelb · 1 Prise Salz · 2 EL Öl

Das Backblech mit Butter ausstreichen. Die Hälfte des Teiges auswallen und über den Rand fallen lassen. Kühl stellen.

Den Lauch zurüsten, waschen und fein schneiden. Die Zwiebel in Butter erhitzen. Den Lauch beigeben und andämpfen. Mit Weisswein ablöschen und einkochen lassen. Den Rahm zufügen und das Gemüse mindestens 50 Minuten bei mässiger Hitze leicht kochen lassen. Mit Salz, Muskat und Pfeffer würzen.

Den Backofen auf 200 °C Mittelhitze vorheizen.

Die Kartoffeln mit Rahm, Salz, Pfeffer, Muskat und Knoblauch mischen. Die Hälfte auf den Teigboden verteilen, den Lauch daraufgeben und die restlichen Kartoffeln darüber ausbreiten. Mit Käse bestreuen. Mit einem dünn ausgewallten Teigdeckel decken. Die Eigelb mit Salz und Öl verrühren und den Teigdeckel damit bestreichen.

Das Backblech auf der untersten Rille in den Ofen schieben und die Pastete 45 Minuten backen.

Spinat-Savarin mit Mandelcreme und Rührei-Croûtons

4 bis 6 Portionen · Eine Savarin-Form, Durchmesser ca. 24 cm, mit Klarsichtfolie ausgeschlagen
Saison: ganzes Jahr

400 g Blattspinat · 20 g Butter · 1 Zwiebel, fein gehackt · 1 Bund Petersilie, fein gehackt · 1 Bund Kerbel, fein gehackt · 40 g Mehl · 2 dl Vollrahm (Sahne) · 50 g Parmesan, frisch gerieben · 1 EL Joghurt nature · Salz · schwarzer Pfeffer aus der Mühle · 1 Prise Muskat · 10 g Paniermehl (Brioche-Brösel) · 3 Eigelb · 3 Eiweiss

Für die Mandelcreme:

30 g Butter · 30 g Mehl · 1 dl Milch · 2 dl Vollrahm (Sahne) · 100 g geschälte Mandeln, gerieben · Salz · Pfeffer · 1 Prise Muskat, frisch gerieben · eventuell 2–3 Tropfen Bittermandelöl (aus Drogerie)

Für die Rührei-Croûtons:

6 Brot-Croûtons (Weissbrot, geröstet) · 5 Wachteleier, hartgekocht · 2 Eier · 4 EL Vollrahm (Sahne) · Salz · Pfeffer

Den Spinat verlesen, waschen, grobe Stiele entfernen. Sehr fein hacken. Die Butter erhitzen, Zwiebel, Petersilie und Kerbel darin andämpfen. Den Spinat beigeben, kurz mitdünsten. Das Mehl mit Rahm zu einem Teiglein anrühren. Zum Spinat einlaufen lassen. Bei mässiger Hitze unter Rühren kochen, bis die Masse dicklich wird. Abkühlen, den Käse und den Joghurt dazumischen, mit Salz, Pfeffer und Muskat kräftig würzen. Die Brioche-Brösel mit den Eigelb darunterziehen.

Den Backofen auf 180°C Mittelhitze vorheizen. Die Eiweiss steif schlagen. Locker unter die Spinatmasse ziehen und diese in die ausgelegte Savarin-Form füllen. Glattstreichen. In einem entsprechenden Geschirr (z.B. Bräter) ein Wasserbad vorbereiten. Auf den Boden einen Lappen oder Küchenpapier legen. Die Form daraufstellen, so dass sie zu ¾ im Wasser steht.

Auf der untersten Rille in den Backofen schieben und ca. 40 Minuten bei gleicher Hitze pochieren.

Unterdessen die Mandelcreme zubereiten: Butter und Mehl bei mässiger Hitze dünsten, so dass sich die Farbe ändert. Etwas abkühlen, dann mit Milch und Rahm ablöschen. Unter Umrühren aufkochen. Die Mandeln beigeben und 10 Minuten köcheln lassen. Absieben, mit Salz, Pfeffer und Muskat würzen. Nach Geschmack mit Bittermandelöl aromatisieren.

Die Brot-Croûtons beidseitig rösten, die Wachteleier 7 Minuten kochen, kalt abschrecken und schälen. Für das Rührei verklopfte Eier, Rahm, Salz und Pfeffer mischen. Die Schüssel ins heisse Wasserbad stellen und unter Rühren halbfest werden lassen.

Den Spinat-Savarin auf eine Platte stürzen. Das Rührei auf die Croûtons verteilen. Rundum arrangieren und den Savarin mit Wachteleischeiben garnieren. Mit Mandelblättchen bestreuen und die Mandelcreme separat dazu servieren.

Schwarzwurzeln im Feuilleté an Schnittlauchsauce

4 Personen · Saison: Winter

½ l Wasser · ½ TL Salz · 2 EL Milch · 4–6 Stengel frische Schwarzwurzeln, sauber geschält

300 g Feldchampignons · 1 Bund Schnittlauch · 1 Bund Petersilie · ½ Bund Kerbel · 1 EL Doppelrahm (Crème double) · je 1 Prise Salz, schwarzer Pfeffer, frischgeriebener Muskat

250 g Butterblätterteig (Rezept Seite 247) · 1 Eiweiss · 2 Eigelb · 1 Prise Salz · ½ TL Öl

Für die Schnittlauchsauce:

2 dl konzentriertes Schwarzwurzelkochwasser · ¼ Zitrone · 2 Eigelb · 1 dl Vollrahm (Sahne), steif geschlagen · 1 Bund Schnittlauch, fein geschnitten · je 1 Prise Salz · schwarzer Pfeffer, grob gemahlen

Das Salzwasser mit der Milch aufkochen, die Schwarzwurzeln 6–8 cm lang schneiden und in ca. 20 Minuten bei leichter Hitze darin knapp gar kochen. Herausnehmen und abkühlen lassen. Das Kochwasser zurückbehalten.
Die gesäuberten Champignons fein pürieren. Schnittlauch, Petersilie, Kerbel fein hacken. Doppelrahm und Gewürze beigeben. Gut mischen.
Den Butterblätterteig vor dem Backen mindestens 2 Stunden im Kühlschrank ruhen lassen. Den kühlen Blätterteig 2 mm dick auswallen. In Rechtecke von ca. 3 × 3,5 cm schneiden. Die Pilz-Farce auf die eine Hälfte der einzelnen Stücke streichen, dann je zwei zurechtgeschnittene abgekühlte Schwarzwurzelstücke auflegen. Den Teigrand rundum mit Eiweiss bestreichen und überschlagen. Eigelb, Salz und Öl mischen und das Feuilleté damit bestreichen.

In den auf 200 °C vorgeheizten Backofen schieben und goldbraun backen.
Das Schwarzwurzelkochwasser auf 2 dl reduzieren. Mit Zitronensaft und Eigelb über einem heissen Wasserbad schaumig aufschlagen. Den Rahm locker darunterziehen und die Sauce mit Schnittlauch sowie mit Salz und Pfeffer abschmekken.

Spinattorte gefüllt mit Eiern

Für eine Springform von 26 cm Durchmesser
12 Portionen · Saison: ganzes Jahr

Für den geriebenen Teig:
250 g Mehl · 100 g Butter · 1 TL Salz, gestrichen · 1 dl Wasser

500 g geriebener Teig (Rezept obenstehend) · 1 EL Paniermehl (z. B. von Brioche-Resten) · 600 g frischer Blattspinat · ½ l Salzwasser · ½ Zwiebel, fein gehackt · Pfeffer · Salz · Muskat · 1 Zweig Majoran, Blättchen fein gehackt · 100 g Parmesan, frisch gerieben · 250 g Speisequark · 250 g Rahmquark · 6 kleine Trinkeier · 6 EL Olivenöl, kalt gepresst

Mehl und Butter zusammen feinbrösmelig verreiben. Das Salz im Wasser lösen und den Teig damit anrühren. Den Teig zu einer Kugel formen und mindestens 30 Minuten kühl stellen.
Die Hälfte des Teiges auswallen, die Springform damit auslegen. Den Rand bis oben hochziehen. Den Teigboden mit einer Gabel einstechen und Paniermehl daraufstreuen. Den Spinat im kochenden Salzwasser blanchieren, d. h. einmal überwallen lassen. Abtropfen und ausdrücken. Mit Zwiebel, Gewürzen sowie dem Majoran locker mischen und in die Springform verteilen. Die Hälfte des Parmesans darüber-

streuen. Beide Quarksorten mischen, mit Salz und Pfeffer glattrühren und auf den Spinat streichen. Mit einem Esslöffel am Rand entlang sechs Vertiefungen in den Quark eindrücken und je ein aufgeschlagenes Ei hineingleiten lassen. Mit Salz und Pfeffer würzen und mit dem übrigen Parmesan bestreuen.
Den restlichen Teig in vier Stücke teilen. Jedes für sich sehr dünn auswallen, ohne dass Risse entstehen. Mit Olivenöl bepinseln und übereinander auf die Tortenoberfläche schichten. Den vorstehenden Teigrand mit Wasser befeuchten, auf die Oberfläche umlegen und andrücken. Die Torte auf der untersten Rille in den auf 220 °C vorgeheizten Backofen schieben. Bei 200 °C 50 Minuten lang backen.

Grappa-Kartoffeln in Meersalz mit Pilz-Mousse✩

nach Cesare

4 bis 6 Personen · Saison: Herbst

Für die Pilz-Mousse:

250 g Steinpilze, Eierschwämmchen (Pfifferlinge) oder Feldchampignons · 1 EL Olivenöl · 1 Schalotte, fein gehackt · 1 Knoblauchzehe, gepresst · Salz · schwarzer Pfeffer aus der Mühle · 1 Zweig Thymian, Blättchen abgestreift · 1 Prise Muskat, frisch gerieben · ¼ Zitrone · 2 dl Vollrahm (Sahne), geschlagen

12–18 kleine Raclette-Kartoffeln · 3 kg grobkörniges Meersalz · ½ dl Wasser · ½ dl Grappa

Die Pilze putzen, evtl. kurz überbrausen und klein schneiden. Ein paar schön geformte für die Garnitur zurückbehalten. Das Olivenöl erhitzen, Schalotte und Knoblauch andämpfen und die Pilze beigeben. Salzen und pfeffern. Im

austretenden Saft einkochen lassen und alles fein pürieren. Thymianblättchen, Muskat und einige Tropfen Zitronensaft zufügen. Das Pilzpüree bei kleiner Hitze verdampfen lassen, bis eine trockene Masse entsteht. Abkühlen und den Schlagrahm darunterziehen. Mindestens 2 Stunden kalt stellen.
Pilze, die sehr viel Flüssigkeit abgeben, müssen evtl. mit 2 Blatt Gelatine gefestigt werden.
Den Backofen auf 220°C vorheizen. Die Kartoffeln samt Schale gründlich waschen. Das Meersalz in ein Bratgeschirr geben und die Kartoffeln ins Meersalz legen. Gut damit dekken und das Salz mit wenig Wasser anfeuchten. Das Bratgeschirr auf der untersten Rille in den Ofen schieben und die Kartoffeln in ca. 30 Minuten (je nach Grösse) weich werden lassen. Herausnehmen, vom Meersalz befreien und der Länge nach halbieren. Jede Schnittfläche mit ein paar Tropfen Grappa würzen.
Die Pilz-Mousse mit einem heissen Dessertlöffel ausstechen und zu den Kartoffeln anrichten.

Crêpes soufflés mit Mais und Kerbel-Vinaigrette

4 Personen · Saison: ganzes Jahr

2 Eier · 2 Eigelb · 2 dl Vollrahm (Sahne) ·
Salz · Pfeffer · 1 Prise Muskat, frisch gerieben ·
2 Eiweiss, steif geschlagen

10 g Butter · 150 g gekochte Maiskörner

Für die Vinaigrette:

½ Zitrone · Salz · Pfeffer · 2 EL Maiskeimöl ·
2 Bund Kerbel, fein gehackt · 1 Tomate,
geschält, entkernt und in Würfelchen geschnitten

Eier und Eigelb mit Vollrahm, Salz, Pfeffer und Muskat verklopfen. Die Eiweiss steif schlagen, locker unter die Masse ziehen.
Ausstechringe im Durchmesser von 7—8 cm bebuttern. Auf den Boden einer heissen Teflonpfanne stellen und den Teig hineingiessen. Die Maiskörner darauf verteilen. Einen Pfannendeckel aufsetzen und die Omelettchen bei kleiner Hitze einseitig backen respektive aufgehen lassen. Nach 4 bis 5 Minuten den Ring lösen, indem der Rand zuerst mit einem Messerchen freigelegt wird. Die Omelettchen einmal überschlagen und, wenn nötig, mit Folie bedeckt kurz warm stellen.
Für die Vinaigrette den Saft von ½ Zitrone, Salz und Pfeffer zusammen verrühren. Das Öl dazugiessen, feingehackten Kerbel und Tomatenwürfelchen beimischen.
Die Omelettchen anrichten und mit der Kerbel-Vinaigrette umgeben.

Lasagne mit Pilzen und Spinat

4 bis 6 Personen · Saison: ganzes Jahr

1 Portion Nudelteig (Rezept Seite 256) · Mehl zum Ausrollen · 3 l Wasser · 3 EL Salz · 2 EL Olivenöl · 2 EL Olivenöl fürs Backblech

Für die Pilzfüllung:

700 g frische Pilze wie Steinpilze, Eierschwämmchen (Pfifferlinge), Morcheln, Feldchampignons usw. · 1 EL Olivenöl · 1 Schalotte, fein gehackt · 1 Knoblauchzehe, gepresst · Salz · Pfeffer · 1 Zweig Thymian

Für die Spinatfüllung:

500 g zarter Spinat · 1 EL Butter · 1 Schalotte, fein gehackt · 1 EL Majoran, gehackt · Salz · Pfeffer · 1 Prise Muskat

Für die Käsesauce:

50 g Butter · 50 g Mehl · 5 dl Milch · Salz · Pfeffer aus der Mühle · 1 Prise Muskat, frisch gerieben · 2 dl Vollrahm (Sahne) · 50 g Parmesan, frisch gerieben

Butter für die Gratin-Form · 50 g Parmesan zum Überstreuen, frisch gerieben · 30 g Butter

Den Teig ca. 2 mm dick ausrollen und beliebig grosse Scheiben schneiden. Das Wasser mit Salz und Öl in einer grossen, weiten Pfanne aufkochen. Von der Herdplatte wegziehen. Die frischen Lasagnescheiben hineinlegen und lagenweise 2 bis 3 Minuten vor dem Siedepunkt ziehen lassen. Herausnehmen und auf einem geölten Backblech abkühlen lassen. Vorsicht, beim Übereinanderlegen kleben die Scheiben leicht zusammen.

Die Pilze zurüsten, klein schneiden und wenn nötig kalt überbrausen. Das Olivenöl erhitzen, darin Schalotte und Knoblauch andämpfen. Die Pilze beigeben, kurz erhitzen und zusammenfallen lassen. Mit Salz und Pfeffer würzen. Die Thymianblätter beigeben. Beiseite stellen.
Den Spinat waschen, grobe Stiele abbrechen. Die Butter erhitzen, Schalotte und Majoran andämpfen. Den Spinat beigeben. Gut mischen, mit Salz, Pfeffer sowie Muskat würzen.
Für die Käsesauce Butter und Mehl zusammen erhitzen, ohne dass sich die Farbe ändert. Die Pfanne von der Herdstelle wegziehen und den Inhalt etwas abkühlen lassen. Mit kalter Milch ablöschen. Von der Mitte aus anrühren und die Sauce bei mässiger Hitze langsam aufkochen. Ca. 10 Minuten kochen lassen. Mit Salz, Pfeffer und Muskat würzen. Mit Rahm verfeinern und den Käse daruntergiehen.
Eine Gratin-Form mit Butter ausstreichen. Den Backofen auf 200 °C Mittelhitze vorheizen.
Den Boden der Form mit Teigscheiben belegen. Die Hälfte der Pilze darauf verteilen. Mit Teigscheiben decken und die Hälfte des Spinats darauf verteilen. Wieder Teigscheiben auflegen und die restlichen Pilze daraufgeben. Nochmals mit Teigscheiben decken und mit Spinat abschliessen.
Die Lasagne mit der Käsesauce überziehen. Mit Parmesan überstreuen und Butterflocken darauf verteilen. In den heissen Ofen schieben und 20 Minuten bei 200 °C goldbraun überbacken.
Tags zuvor kann das Gericht bis zum Backen zubereitet und kühl gestellt werden. Die Backzeit erhöht sich dann um 15 Minuten bei einer Temperatur von 180 °C.

Italienische Polenta mit Fontina✡

1 l leichte helle Gemüsebouillon (Rezept Seite 263) oder Wasser · 1 gestrichener EL Salz · 1 Prise Muskat, frisch gerieben · 200 g Mais, grobkörnig · 150 g frischer Fontina (italienischer Käse) · 40 g Tafelbutter

Die Flüssigkeit mit Salz und Muskat aufkochen. Den Mais einstreuen. Umrühren und 50 Minuten auf ganz kleinem Feuer kochen, bis ein dicker Brei entsteht. Den Fontina fein reiben und unter den Maisbrei mischen. Das Ganze mit einem Messerrücken etwa 2 cm dick auf einem bebutterten Kuchenblech oder auf einem nassen Holzbrett ausstreichen. Gleichmässig verteilen. Nach dem Erkalten kann man die Polenta in beliebig grosse Stücke schneiden, oder es lassen sich beliebige Formen ausstechen. Diese in eine ausgebutterte Gratin-Form legen, mit Butterflocken belegen und im Backofen bei Ober- respektive Grillhitze goldbraun überbacken.

Beilagen

Gemüse-Mousselines

4 bis 8 Portionen, je nach Grösse der Förmchen
Saison: je nach Gemüse über das ganze Jahr verteilt

Karotten:

200 g Karotten, in Salzwasser weichgekocht, abgegossen und püriert; 60 g Eiweiss, halbsteif geschlagen; 2 EL Doppelrahm (Crème double); 1 Prise Zucker, Salz, Pfeffer aus der Mühle; 1 Prise Muskat

Sellerie:

250 g Knollensellerie, in Salzwasser weichgekocht, abgegossen und püriert; nach Belieben (z.B. zu Wild) 1 TL Orangensaft; Orangenschale, in Streifchen und diese in feine Würfelchen geschnitten; 60 g Eiweiss, halbsteif geschlagen; 2 EL Doppelrahm (Crème double), Selleriekraut zum Garnieren.

Blaukraut:

350 g Blaukraut in Salzwasser weichgekocht, abgegossen und püriert; ½ Apfel; pochierte Apfelschnitzchen oder -kügelchen zum Garnieren, 60 g Eiweiss, halbsteif geschlagen; 2 EL Doppelrahm (Crème double); Salz und Pfeffer aus der Mühle, 1 Schuss Balsamico-Essig

Erbsen:

200 g Erbsen, püriert; evtl. 50 g kleinste Schinkenwürfel; 60 g Eiweiss, halbsteif geschlagen; 2 EL Doppelrahm (Crème double); Pfeffer aus der Mühle; 1 Prise Muskat

Fenchel:

250 g Fenchel, in Salzwasser weichgekocht, abgegossen und püriert; 2 EL Doppelrahm (Crème double); 60 g Eiweiss, halbsteif geschlagen; Salz und Pfeffer aus der Mühle; 2 Tropfen Pernod; etwas Fenchelkraut zum Garnieren

Peperoni (Paprikaschoten):

250 g Peperoni, weichgekocht, püriert und durch ein Sieb gestrichen; 60 g Eiweiss, halbsteif geschlagen; 2 EL Doppelrahm (Crème double); Pfeffer und 1 Prise Muskat. Wird in verschiedenen Farben eingefüllt besonders schön.

Zubereitung für alle Gemüse-Mousselines:

Den Backofen auf 180 °C Mittelhitze vorheizen. Die gekochten Gemüse gut abtropfen lassen und in der Moulinette fein pürieren. So vorbereitet, müssen sie der Gewichtsangabe im Rezept entsprechen. Mit den Gewürzen, dem Eiweiss (abgewogen — 1 Eiweiss wiegt je nach Eigrösse ca. 30 g) und dem Doppelrahm mischen. In bebutterte Förmchen füllen, glattstreichen und mit Folie bedeckt ins heisse Wasserbad stellen. 30 Minuten pochieren. Das Wasser soll dabei immer sehr heiss bleiben, darf aber nicht sieden. Auf vorgewärmte Teller oder Platten stürzen und entsprechend garnieren.

Gemüse-Mousselines sind eine Alternative zu Gemüsepürees. Sie passen zu verschiedenen Fleischsorten ebensogut wie zu gewissen Fischen und sind auch eigenständige Vorspeisen.

Gemüsepürees

Für ca. 8 Portionen, je nachdem, ob als Beilage oder Vorspeise, Zwischen- oder Hauptgericht serviert

Gemüsepürees haben ihre besondere Berechtigung: Das Zellgewebe wird beim feinen Pürieren extrem aufgeschlossen. Aus diesem Grund kommen die eigenen, natürlichen Geschmacksstoffe besonders intensiv zur Geltung.

Wichtig: Gemüse nach Möglichkeit kurz vor dem Essen pürieren. Bei längerem Stehenlassen verlieren sie Geruchs- und Geschmacksstoffe.

Selleriepüree:

500 g Knollensellerie schälen, in Würfel schneiden und in 3 dl Gemüsebrühe weich kochen. Abschütten, in der Moulinette sehr fein pürieren. Auf der Herdplatte bei mässiger Hitze verdampfen lassen, bis das Püree trocken wirkt.
1 dl geschlagenen Rahm darunterziehen, locker mischen und mit Salz, Pfeffer und einer Prise frisch geriebenem Muskat würzen.

Variante:

Zu Wild oder Schweinefleisch das Selleriepüree mit ein paar Tropfen Orangensaft abschmecken und 1 TL blanchierte, ganz feingehackte Orangenschale darunterziehen.

Karottenpüree:

Gleiche Zubereitung wie Selleriepüree. Verdampfen lassen, Rahm zufügen und mit einer Prise Zucker, Salz und Pfeffer abschmecken.

Variante:

Mit ein paar zerdrückten grünen Pfefferkörnern mischen.

Kohlrabipüree:

Gleiche Zubereitung wie Selleriepüree.

Blumenkohlpüree:

Gleiche Zubereitung wie Selleriepüree.

Broccolipüree:

Grundsätzlich gleiche Zubereitung wie Selleriepüree. Zarte Stiele, zarte Blätter und Röschen verwenden.

Spinatpüree:

1 kg geputzten und gewaschenen Spinat ohne zu überwellen in etwas Butter, gehackter Schalotte und 1 Msp Knoblauch andämpfen, bis er zusammenfällt.

Mit Salz, Pfeffer und einer Prise Muskat würzen. Den Spinat mit einer Spur eigener Flüssigkeit in der Moulinette pürieren. Verdampfen lassen und mit ½ dl geschlagenem Rahm verfeinern.

Lattichpüree:

z.B. zu Wachteln, Tauben, Lamm.
Den Lattich waschen, putzen. Stark grüne Blätter entfernen, da sie das Püree bitter machen. Eine gehackte Schalotte in wenig Butter andämpfen, den Lattich in Stücke geschnitten beigeben und anziehen, bis er zusammenfällt. Mit einer kleinen gekochten Kartoffel fein pürieren. Verdampfen lassen, mit Salz, Pfeffer, einer Prise frischem Muskat würzen und ½ dl geschlagenen Rahm darunterziehen.

Kressepüree:

Halb Brunnen-, halb Gartenkresse in kochender Gemüsebouillon sekundenschnell blanchieren. Die Gartenkresse schmeckt manchmal bitter und sollte deshalb ohne die feinen weissen Stiele verwendet werden.
Abschütten und ohne Flüssigkeit – zusammen mit einer gekochten Kartoffel – fein pürieren. Verdampfen lassen, mit einer Prise Zucker, Salz und Pfeffer würzen. Etwas Butter oder wenig geschlagenen Rahm darunterziehen.

Gratin dauphinois à ma façon

4 Personen · Saison: ganzes Jahr

1 Knoblauchzehe · 20 g Butter · 1 kg Kartoffeln, roh, geschält, mehlig · 7 dl–1 l Vollrahm (Sahne), je nach Form · Salz · Pfeffer · Muskat, frisch gerieben · 50 g Greyerzer Käse, gerieben · 20 g Butterflocken

Den Backofen auf 200 °C Mittelhitze vorheizen.
Die Gratin-Form mit einer längs halbierten Knoblauchzehe ausreiben, dann grosszügig mit Butter ausstreichen.
Die Kartoffeln in sehr feine Scheiben schneiden. Auf Küchenpapier oder auf einem Küchentuch trocknen.
Die Kartoffelscheiben in eine Schüssel geben, mit Rahm übergiessen und mit Salz, Pfeffer und Muskat würzen. Mit den Fingern so mischen, dass jede Kartoffelscheibe von Rahm umhüllt ist und deshalb beim Backen nicht klebt. In die Gratin-Form verteilen, den in der Schüssel zurückgebliebenen Rahm darübergiessen. Die Kartoffeln sollen völlig mit Rahm bedeckt sein.
Den Käse darüberstreuen und ein paar Butterflocken darauf verteilen.
Die Gratin-Form auf der untersten Rille in den heissen Ofen schieben. Die Temperatur auf 80–120 °C Mittelhitze (je nach Ofen) zurückstellen und die Kartoffeln in mindestens 1 Stunde bei dieser Temperatur knapp weich werden lassen.
Nach 60 Minuten den Ofen auf 200 °C Oberhitze schalten und den Gratin in etwa 15 Minuten goldbraun überkrusten lassen. Auf diese Art bleibt der Kartoffel-Gratin saftig; die Kartoffeln geben einen Teil ihrer Stärke ab, und der Rahm bindet leicht. Es ist die beste mir bekannte Zubereitungsart für einen perfekten Gratin dauphinois, wobei die Höhe der Form in jedem Fall eine Rolle spielt, d. h., der Gratin sollte möglichst flach, in einer Schicht von 2–3 cm Höhe eingefüllt werden.

Variante:

Kartoffel-Gratin mit Zwiebeln (Gratin Boulangère)

250 g gedämpfte, gewürzte Zwiebelscheiben als Zwischenlage auf die rohen Kartoffelscheiben einfüllen. Den Rahm durch Bouillon ersetzen und nach Geschmack mit wenig Käse und Butterflocken (oder Olivenöl) abschliessen. Gleiche Garzeit.

Lauchschiffchen

4 bis 8 Personen als Beilage · Saison: ganzes Jahr

250 g Mehl · 100 g Butter ·
1 gestrichener TL Salz · 4 dl Wasser

100 g Feldchampignons · 1 EL Olivenöl ·
1 Schalotte, fein gehackt · Salz ·
Pfeffer · 2—3 Lauchstengel

Butter für die Förmchen · Mehl
zum Auswellen · 2 Eier · 2 dl Doppelrahm
(Crème double) · Salz · Pfeffer · Muskat

Für den Teig das Mehl in eine Schüssel sieben. Die Butter beigeben und beides feinbröselig verreiben. Das Salz im Wasser lösen und den Teig damit anrühren.
Zusammendrücken, ohne zu kneten. 30 Minuten kühl stellen.
Die Pilze putzen, grob würfeln. Das Olivenöl erhitzen, die Schalotte andämpfen und die Pilzwürfel zufügen. Kurz andämpfen, mit Salz und Pfeffer würzen.
Den Lauch gut waschen, gleichmässige Scheiben von ca. 3 mm Dicke schneiden.
Die Schiffchenformen bebuttern. Den Teig dünn auswallen und die Förmchen damit auskleiden. Kühl stellen.
Für den Guss Eier und Doppelrahm mit den Gewürzen verklopfen.

Den Backofen auf 220°C Mittelhitze vorheizen.
Die Pilze auf den Boden der Teigschiffchen verteilen. Mit Lauchscheiben decken und mit Guss überziehen. In den Ofen schieben und 25 Minuten backen. Aus den Förmchen lösen und danach weitere 10 Minuten im Ofen ruhen lassen.

Variation:

Wer das Rezept nicht streng vegetarisch wünscht, kann die Feldchampignons durch Speckwürfel ersetzen, die man knusprig röstet und auf Küchenpapier abtropfen lässt.

Desserts

Kalte Fruchtschale mit Saisonfrüchten, Beeren und Pfefferminze

4 bis 6 Personen · Saison: Sommer · Vorgekühlte Dessertschalen zum Anrichten

120 g Zucker · 8 dl Wasser · 2 Streifen Zitronenschale, nur das Gelbe · 2 Vanillestengel, längs aufgeschnitten

1 Birne · 1 Apfel · ½ Baby-Ananas · 2 Pfirsiche · 4 Aprikosen · 300 g Walderdbeeren oder andere Beeren, auch gemischt · 30 g Zucker

2 dl französischer Champagner · 1 EL Rosenwasser · 1 Zweig Pfefferminzblättchen · 20 g Puderzucker

Zucker, Wasser, Zitronenschale und Vanillestengel auf ca. 5 dl Sirup einkochen. Abkühlen lassen, die Flüssigkeit 1 Stunde im Tiefkühler aufbewahren. Die Vanilleschoten herausnehmen.
Die Früchte und Beeren waschen, verlesen, schälen, teils in hauchdünne Scheiben schneiden, teils ganz lassen. Die Früchte in die vorgekühlten Dessertschalen verteilen. Die Beeren leicht zuckern, noch nicht in die Dessertschalen legen.
Den Sirup — er muss eiskalt sein — mit kaltem Champagner und Rosenwasser verfeinern. Über die Früchte giessen, die Beeren darauf anrichten. Die Pfefferminzblättchen mit Puderzucker bestäuben und als Garnitur obenauf legen.

Tags zuvor …

Den Sirup zubereiten (ohne Rosenwasser und Champagner) und kühl stellen.

Wein-Cake mit Trauben an Cognac-Creme

10 bis 15 Portionen · Saison: ganzes Jahr

Für den Mürbteigboden:

200 g Butter · 100 g Zucker · 220 g Mehl · 40 g Haselnüsse, gerieben · 0,25 dl Wasser · 1 Prise Salz · Butter für das Backblech

Für das Biskuit:

4 Eier · 140 g Zucker · 1 Zitrone, abgeriebene Schale (nur das Gelbe) · 140 g Mehl · Mehl und Butter für die Springform · 5 dl Wasser · 100 g Zucker · ½ dl Cognac

Für die Weincreme:

2,5 dl Weisswein (z. B. Johannisberg) · 50 g Zucker · 20 g Puderzucker · 4 Eigelb · 5 Blatt Gelatine · 4 Eiweiss · 50 g Zucker

100 g Aprikosenmarmelade, fein püriert · 160 g Traubenbeeren, geschält · 3 EL Aprikosengelee

Für die Cognac-Creme:

3 Eigelb · 2 dl Weisswein · 80 g Zucker · ½ dl Doppelrahm (Crème double) · ½ dl Cognac

Butter und Zucker schaumig rühren. Die übrigen Zutaten nach und nach beigeben. Den Teig leicht zusammendrükken und 30 Minuten kühl stellen. Eine Springform ausbuttern. Den Teig 3 mm dünn auswallen und einlegen. Den Backofen auf 180°C Mittelhitze vorheizen. Die Form in mittlerer Höhe einschieben und den Teigboden 15 bis 20 Minuten goldgelb ausbacken. Für eine Cakeform von 24 cm Länge kann der Teig halbiert werden. Reste lassen sich tiefkühlen.

Eier, Zucker und Zitronenschale in einem heissen Wasserbad mit dem Stabmixer schaumig rühren. Das Mehl sieben und locker darunterziehen. In eine gebutterte und bemehlte Springform (oder Cakeform) füllen und bei 180 °C Mittelhitze 30 Minuten backen.
Wasser und Zucker sirupartig einkochen. Abkühlen lassen und den Cognac beigeben. Das warme, relativ flache Biskuit damit tränken.
Weisswein, Zucker und Puderzucker zu einer Creme kochen. Leicht abkühlen lassen. Die Eigelb beigeben und nochmals bis vors Kochen erwärmen.
Die Gelatine in kaltes Wasser einlegen, mit 2 EL Wasser bei kleiner Hitze klar lösen. Beigeben und im Kühlschrank anziehen lassen.
Die Eiweiss zu Schnee schlagen, den Zucker darunterziehen und die Masse locker unter die Weincreme mischen. Im Kühlschrank halbfest werden lassen.
Den abgekühlten Mürbeteigboden mit Aprikosenmarmelade bestreichen und auf den Springformboden legen. Das getränkte Biskuit daraufsetzen. Den Springformenrand aufsetzen.
Die Traubenbeeren, eventuell längs halbiert, auf das Biskuit setzen. Mit der gestockten Weincreme auffüllen.
Glattstreichen und im Kühlschrank fest werden lassen.
Den Rand sorgfältig ablösen, die Oberfläche mit Gelee überglänzen und den Cake vorsichtig in Scheiben schneiden.
Eigelb, Weisswein und Zucker in einem heissen Wasserbad schaumig rühren. Herausnehmen und den Doppelrahm zufügen. Abkühlen lassen, mit Cognac parfümieren.

Anrichten:

Die Tortenstücke auf Desserttellern anrichten, mit Cognac-Creme umgiessen und nach Belieben mit einigen zurückbehaltenen Traubenbeeren garnieren.

Feiner Himbeer-Gratin mit Pistazien

4 Personen · Für 4 Portionen Gratin-Förmchen
Saison: Sommer

20 g Butter · 400 g frische Waldhimbeeren · 1 EL Vanillezucker (Rezept Seite 269) · ¼ Zitrone · 2 EL Himbeergeist

2 Eier · 2 Eigelb · 50 g Puderzucker · 1 Vanillestengel, ausgeschabte Samen · 1 dl Doppelrahm (Crème double) · 1 dl Vollrahm (Sahne), geschlagen

50 g Pistazien, geschält · Puderzucker

Die Förmchen mit Butter ausstreichen. ⅔ der verlesenen Himbeeren hineinlegen. Das letzte Drittel mit Vanillezukker, Zitronensaft und Himbeergeist im Mixer fein pürieren. Durch ein Sieb streichen.
Eier, Eigelb, Puderzucker, Vanillesamen und Doppelrahm über einem heissen Wasserbad schaumig rühren. Die Schüssel herausnehmen und das Himbeerpüree beigeben. Den geschlagenen Rahm locker unter die abgekühlte Masse ziehen.
Den Backofen auf 180°C Mittelhitze vorheizen. Die Beeren mit gehackten Pistazien überstreuen und mit der feinen Sauce überziehen. Auf mittlerer Höhe in den Ofen schieben und bei 200°C 10 bis 15 Minuten goldgelb überbacken. Mit Puderzucker bestäuben und warm servieren.

Caramelisierte Mango-Tarte

4 Personen · 4 kleine Kuchenformen von ca. 8 cm Durchmesser · Saison: Winter bis Frühling

100 g Zucker

50 g Butter · 40 g Zucker · 1 kleines Ei · 1½ dl Rahm (Sahne) · 125 g Mehl, gesiebt · 1 Prise Salz

2 Mangos, gut reif, aber fest · 50 g Butter · 1 TL Zitronensaft · 1 EL Maraschino

Mehl zum Ausrollen · 1 dl Rahm (Sahne), geschlagen · 1 Msp Vanilleschaum · 1 Zweig Pfefferminze

Den Backofen auf 200°C vorheizen.
Den Zucker schmelzen, bräunen und einmal aufschäumen lassen. Den Boden der Kuchenförmchen gleichmässig damit ausgiessen. Auskühlen lassen.
Für den Teig Butter, Zucker, Ei und Rahm schaumig rühren. Das Mehl mit dem Salz beigeben und alles sorgfältig zusammendrücken. Nicht kneten! Den Teig in Folie schlagen und kühl stellen.
Die Mangos schälen, das Fruchtfleisch in feine Fächer schneiden. Den fest gewordenen Zucker mit weicher Butter bestreichen. Die Mangoscheiben dachziegelartig und dicht darauflegen. Mit Zitronensaft und Maraschino beträufeln.
Den zarten Teig mit Hilfe von etwas Mehl 2–3 mm dick auswallen. Die Mangoschnitze damit bedecken. Dem inneren Rand entlang zuschneiden und den Teig rundum andrücken.
Die Förmchen auf ein Gitter stellen und auf der untersten Rille in den Ofen schieben. Bei 200°C etwa 30 Minuten backen. Die Küchlein stürzen.
Nach Belieben mit Rahm, den man mit den Vanillesamen

vermischt hat, und mit Pfefferminze garnieren. Noch warm servieren.
Limetten- oder Zitronensorbet (Rezept Seite 208) passt gut dazu.

Melonen-Gratin mit Beeren

4 Personen · Saison: Sommer bis Herbst

1 dl roter Portwein · 1 EL Vanillezucker (Rezept Seite 269) · 1 Stück Zimtstengel · 1 Ei · 1 EL Zucker · 1 dl Vollrahm (Sahne)

1 kleine Zucker- oder Netzmelone · 10 g Butter für die Förmchen · 100 g schöne Beeren (Erdbeeren, Himbeeren, Heidelbeeren, Brombeeren usw.)

Den Portwein mit dem Vanillezucker und dem Zimtstengel 10 Minuten sirupartig einkochen. Absieben und auskühlen lassen.
Ei und Zucker schaumig rühren, den Sirup nach und nach zugeben. Zuletzt den geschlagenen Rahm leicht und locker unter die Masse ziehen.
Die Melone schälen, in feine Scheiben schneiden, in ausgebutterte Portionsförmchen schichten und die Beeren, eventuell kleingeschnitten, darüber verteilen. Mit der Creme überziehen und im vorgeheizten Backofen bei 220°C Oberhitze 4 bis 5 Minuten überbacken.

Brombeer-Gratin mit Kirschcreme und Brombeer-Parfait

4 Personen · Saison: Sommer

Für das Brombeer-Parfait:

800 g Brombeeren (oder andere Saisonbeeren) · Saft von ½ Zitrone · 2 Eiweiss · 100 g Zucker · 3 dl Vollrahm (Sahne) · 2 dl Doppelrahm (Crème double) · 2 EL Kirsch(wasser)

Für den Brombeer-Gratin:

600 g Brombeeren (oder andere Saisonbeeren) · 2 EL Vanillezucker (Rezept Seite 269) · 10 g Butter für die Gratin-Form · 2 Eigelb · 60–80 g Zucker · 3 EL Kirsch · 1 dl Vollrahm (Sahne) · 2 Eiweiss, geschlagen

Für die Brombeersauce:

300 g Brombeeren · 2 EL Vanillezucker (Rezept Seite 269) · 2 EL Cointreau

300 g Brombeeren zum Garnieren · Puderzucker · 20 g Pistazien

Die Beeren verlesen, abspülen und im Mixer mit dem Zitronensaft fein pürieren.
Die Eiweiss steif schlagen, den Zucker darunterziehen und weiterrühren, bis die Masse glänzend ist.
Den Rahm ebenfalls steif schlagen. Das Brombeerpüree durch ein feines Sieb passieren, locker mit Doppelrahm, Eischnee und Schlagrahm mischen. Mit Kirsch abschmecken, dann in eine mit Klarsichtfolie ausgelegte längliche Form füllen und im Tiefkühler 3 bis 4 Stunden fest werden lassen.
Die Beeren mit Vanillezucker bestreuen und in die ausge-

butterte Form (oder in Portionsförmchen) verteilen. Den Backofen auf 200°C Mittelhitze vorheizen.
Eigelb, Zucker und Kirsch über heissem Wasserbad schaumig rühren. Herausnehmen und weiterrühren, bis alles etwas abgekühlt ist.
Den steifgeschlagenen Rahm und den Eischnee locker darunterziehen. Die Beeren mit der schaumigen Masse überziehen und in den Ofen schieben. 10 bis 15 Minuten überbacken. Den Gratin bei 50°C warm halten.
Die Beeren mit dem Vanillezucker pürieren. Passieren und mit Cointreau abschmecken.

Anrichten:

Das Parfait stürzen. Mit einem heissen Messer in Scheiben schneiden. Den warmen Gratin ausstechen und beides auf einem grossen Teller anrichten. Mit Brombeersauce und Brombeeren, mit Puderzucker bestäubt, garnieren und mit Pistazien bestreuen.

Trauben-Parfait mit Gewürztraminer

15 bis 20 Portionen, je nach Grösse der Parfaits
12 Soufflé-Förmchen aus Inox, oberer Durchmesser 5 cm, Höhe ca. 5 cm · Saison: Herbst bis Winter

6 Eigelb · 1 dl Gewürztraminer (Elsässer Wein) · 150 g Zucker

3 Eiweiss, steif geschlagen · 50 g Zucker · 4 dl Rahm (Sahne) · 1 Vanillestengel, Samen ausgeschabt · ½ dl Gewürztraminer-Marc (Tresterbranntwein)

300 g geschälte, entkernte respektive halbierte Trauben, in Marc eingelegt

Kakaopulver und Puderzucker · Löffelbiskuits zum Garnieren

Eigelb, Wein und Zucker in heissem Wasserbad zur »Rose« erhitzen. Herausnehmen und weiterschlagen, bis die Masse abgekühlt ist.
Die Eiweiss mit dem Zucker mischen und zu einer glänzenden Masse aufrühren.
Die Soufflé-Förmchen mit Klarsichtfolie glatt ausschlagen. In den Tiefkühler stellen.
Den Rahm steif schlagen, Vanillesamen sowie Marc beigeben und mit dem Eischnee locker unter die Eimasse ziehen.
Die Förmchen zur Hälfte mit Creme füllen, einige Trauben einlegen und 30 Minuten in den Tiefkühler stellen. Die restlichen eingelegten Trauben für die Garnitur als Kompott zurückbehalten. Mit Creme ganz auffüllen, dann zwei Stunden im Tiefkühler gefrieren lassen.
Stürzen, mit Kakaopulver sowie Puderzucker bestreuen und mit dem restlichen Traubenkompott umgeben. Mit Löffelbiskuits garnieren.

Rhabarber-Gratin mit Amaretti und Mandel-Glace

4 Portionen · Saison: Frühling bis Sommer

Für ca. 20 Amaretti (Bittermandelkonfekt), je nach Grösse:

5 Eiweiss · 350 g Puderzucker · 210 g süsse Mandeln, geschält und gerieben · 40 g bittere Mandeln, geschält und gerieben · 10 g Butter · 20 g Mehl

700 g roter Rhabarber · ½ l Wasser · 150 g Zucker · 1 Vanillestengel, Samen ausgeschabt · ½ Zitrone · 2 EL Maraschino

Für 4 grosse Portionen Mandel-Glace:

1 Vanillestengel, längs halbiert · ½ dl Vollrahm (Sahne) · 2,5 dl Milch · 50 g süsse Mandeln, geschält und gerieben · 2 Eigelb · 75 g Zucker · 7 Tropfen Bittermandel-Essenz

1 Ei · 1 Eigelb · ½ dl trockener Weisswein · 6 EL Rhabarbersirup · 2 dl Rahm (Sahne) · 30 g Mandelblättchen, ohne Butter in der Teflonpfanne goldbraun geröstet

Das Eiweiss schaumig schlagen, den Puderzucker sieben und beigeben. Mit den beiden Mandelsorten mischen. Die Masse häufchenweise auf ein bebuttertes und bemehltes Backblech dressieren. Bei 120 °C in 15 bis 20 Minuten goldgelb backen. Die Amaretti sollen einen festen Boden haben und sich leicht vom Backblech lösen.
Den Rhabarber schälen, in 5 cm lange Stücke schneiden. Wasser, Zucker und Vanilleschaum aufkochen, die Rhabarberstücke lagenweise hineingeben und bei mittlerer Hitze ca. 20 Minuten ziehen lassen.

Rhabarber herausnehmen, abtropfen und den Sirup mit Zitronensaft weitere 30 Minuten auf etwa 1 dl einkochen lassen. Mit Maraschino abschmecken.
Die schwarzen Samen aus dem Vanillestengel ausschaben und mit Rahm, Milch und den geriebenen Mandeln aufkochen. Von der Herdplatte nehmen und 30 Minuten ziehen lassen. Absieben.
Die Eigelb und den Zucker über einem heissen Wasserbad rühren, bis die Masse hell und schaumig wird.
Die Milchmischung dazugiessen, gut umrühren. Die Creme in der Pfanne bei ganz kleiner Hitze so lange erwärmen, bis sie dicklich wird und die Holzkelle überzieht. Sie darf aber nicht kochen, sonst gerinnen die Eigelb.
Abkühlen lassen, Bittermandel-Essenz zufügen. In die Sorbetière giessen und gut gefrieren lassen.
Ei, Eigelb, Weisswein und Sirup zusammen in einer Schüssel über dem heissen Wasserbad schaumig rühren. Die Schüssel herausnehmen, die Masse kaltrühren und den Schlagrahm locker darunterziehen.
Den Backofen auf 220 °C Oberhitze einschalten. Die Amaretti zerbröckelt auf dem Boden von feuerfesten Gratin-Förmchen verteilen. Die Rhabarberstücke daraufgeben, mit der luftigen Creme überziehen und die Förmchen in die Mitte des Backofens einschieben. 10 Minuten goldbraun überbacken. Die Glace auf die Mitte der Gratins setzen, mit Mandelblättchen garnieren und servieren.
Die Zutaten für die Amaretti sind absichtlich in einer grösseren Menge angegeben, da es sich nicht lohnt, für nur vier Portionen Rhabarber-Gratin Amaretti zu backen. Sie lassen sich in einer gut verschliessbaren Blechdose mehrere Tage aufbewahren und schmecken ausgezeichnet als Kaffee- oder Teekonfekt.

Apfelpastete mit Orangen-Rahm (Sahne) und Orangensauce

8 bis 12 Personen · 1 Backblech, rechteckig,
36 × 38 cm, Backpapier gleiche Grösse wie Backblech
Saison: ganzes Jahr

500 g Butterblätterteig (Rezept Seite 247) ·
10 g Butter

2 kg Boskop oder Gravensteiner Äpfel ·
½–1 Zitrone (je nach Säuregehalt der Äpfel) ·
2 Orangen, nur die abgeriebene Schale ·
2 EL Zucker · 2 EL Vanillezucker ·
200 g Aprikosenkonfitüre, fein püriert ·
50 g Rosinen, in 3 EL Grand Marnier eingeweicht · 150 g geschälte, geriebene Mandeln · 1 Eiweiss, verklopft

Mehl zum Ausrollen · 2 Eigelb, mit ½ TL Öl vermischt · Puderzucker

Für den Orangen-Rahm:

4 dl Vollrahm (Sahne) · ¼ TL Zimtpulver · 1 Orange, abgeriebene Schale ·
2 EL Grand Marnier · 2 EL Vanillezucker

Für die Orangensauce:

10 g Butter · 1 EL Vanillezucker ·
Saft von 4 Orangen · 1 Orange, die abgezogene Schale als Julienne · 2 EL Grand Marnier

Die Hälfte des kalten Blätterteiges zu einem ca. 2 mm dünnen Rechteck, ca. 3 cm grösser als das Backblech, ausrollen. Das Backpapier bebuttern und den Teig darauflegen. Den Teig hochziehen und über den Backblechrand hängen lassen. Mit einer Gabel mehrmals einstechen und kühl stellen.

Die Äpfel schälen, halbieren und vierteln. In feine Scheiben schneiden, mit Zitronensaft und Orangenschale mischen. Zucker und Vanillezucker darüberstreuen. Die Aprikosenkonfitüre mit Rosinen und Grand Marnier-Jus mischen, zu den Äpfeln geben und sorgfältig vermengen.
Den Teigboden mit den Mandeln gleichmässig bestreuen. Die Apfelmischung darauf verteilen. Den Teigrand mit verklopftem Eiweiss bestreichen. Wieder kühl stellen.
Den restlichen kalten Teig für den Deckel in ungefähr gleicher Grösse ausrollen. Über die Apfelfüllung legen, die ganze Fläche abdecken und den Rand sorgfältig andrücken. Mit der Gabel mehrmals einstechen. Den Rand mit der bemehlten Gabel festdrücken und so verzieren.
Mit den Eigelb bestreichen, mit dem Pinselstiel ein Gittermuster markieren. Die Pastete 50 Minuten kühl stellen.
Den Backofen 10 Minuten auf 200 °C Mittelhitze vorheizen. Die Pastete auf der untersten Rille einschieben und bei 180 °C 45 Minuten backen.
Noch warm mit Puderzucker bestreuen und in Stücke schneiden. Dazu Orangen-Rahm servieren.
Den Rahm halbsteif schlagen, Zimt, Orangenschale, Grand Marnier und Vanillezucker darunterziehen. Kühl zur Apfelpastete servieren.
Lässt man den Orangen-Rahm längere Zeit stehen, so kann er mit 1 bis 2 Blatt Gelatine steif gemacht werden.
Die Butter erhitzen, den Vanillezucker beigeben und leicht anbräunen. Mit Orangensaft ablöschen, die Julienne beigeben und die Sauce ca. 30 Minuten einköcheln lassen. Mit Grand Marnier abschmecken, mit dem Orangen-Rahm zur Pastete anrichten.

Erdbeer-Rhabarber-Strudel mit Vanillesauce

12 bis 16 Portionen · Saison: Sommer

1 Portion Strudelteig (Rezept Seite 257)

800 g frische Erdbeeren · 600 g Rhabarber · 5 dl Wasser und 10 g Zucker, zu Sirup eingekocht

Mehl zum Auswallen · 100 g Tafelbutter · 80 g Mandeln, geschält und gerieben · 50 g Zwieback, fein gerieben, oder Reste von Biskuit oder Brioche · 3 EL Zucker · 1 EL Vanillezucker (Rezept Seite 269) · 20 g Butter für das Backblech

50 g Butter · 1 dl Vollrahm (Sahne) · Puderzucker

Den Teig nach Rezept zubereiten und unter einem erwärmten Schüsselchen ruhen lassen. Die Erdbeeren verlesen, waschen und entstielen. Es müssen feste und nicht zu saftige Beeren sein. In dicke Scheiben schneiden.
Den Rhabarber schälen, in 1 cm lange Stücke schneiden und in Zuckersirup lagenweise knapp weich kochen. Mit der Schaumkelle herausnehmen und gut abtropfen lassen.
Den Backofen auf 180°C Mittelhitze vorheizen. Den Teig mit möglichst wenig Mehl dünn ausrollen. Mit dem zur Faust geformten Handrücken papierdünn ausziehen. Dicke Teigränder wegschneiden. Den Teig auf ein Strudeltuch legen. Die Butter erhitzen, abkühlen lassen und die grosse Teigfläche damit bepinseln.
Mandeln und Zwieback daraufstreuen.
Erdbeeren und Rhabarber darauf verteilen.
Zucker und Vanillezucker darüberstreuen. Den Teig mit Hilfe des Strudeltuches einrollen. Die Enden fest zusammendrücken und den Strudel vorsichtig auf das bebutter-

te Backblech gleiten lassen. Auf der untersten Rille in den Backofen schieben.
Die Butter erhitzen, den Rahm beigeben und den Strudel alle 10 Minuten während des Backens mit dieser Flüssigkeit überpinseln.
Vor dem Servieren mit Puderzucker besieben.

Dazu passen:

Vanille-Glace (Rezept Seite 267),
Vanillesauce (Rezept Seite 268),
Geschlagener vanillierter Rahm (Sahne).

Tags zuvor …

Der Strudel kann gefüllt, geformt und im Kühlschrank aufbewahrt werden. Backen erst im letzten Moment.

Sizilianische Schokoladepastete, hausgemacht, mit Orangensauce

Eventuell mit anderen Saucen aus Beeren kombiniert
8 bis 12 Personen · Für eine Cake-Form von ca. 28 cm Länge
Saison: ganzes Jahr

Butter und Mehl für die Form · 4 grosse Eier · 160 g Zucker · 1 EL warmes Wasser · 140 g Weissmehl · 1 Zitronenschale, fein abgerieben (nur das Gelbe) · 1 Prise Salz

Für die Füllung:

200 g Zucker · 3 dl Wasser · 750 g Rahmquark oder Ricotta · 400 g bittere Schokolade (Crémant) · 150 g Baumnusskerne · 100 g Mandelblättchen · 50 g Pistazien, geschält · 100 g Kokosnüsse, gerieben, · 300 g gemischte kandierte Früchte

100 g Zucker · 3 dl Wasser · 2 dl Maraschino

1 Prise Zimtpulver · 1 EL Vanillezucker (Rezept Seite 269)

Für den Schokoladenüberzug:

200 g dunkle Schokolade (Crémant) · 1 dl Vollrahm (Sahne) · 1 EL Grand Marnier

Für die Orangensauce:

30 g Butter · 100 g Zucker · 5 dl Orangensaft, frisch gepresst · 1 Orangenschale, fein abgerieben · 1 dl Grand Marnier

Ein Wasserbad bereitstellen. Den Backofen auf 180 °C Mittelhitze vorheizen.
Eine Cake-Form bebuttern und mit Mehl ausstäuben. Eier, Zucker und Wasser im warmen Wasserbad schaumig rüh-

ren, bis die Masse hell wird und sich ungefähr verdoppelt. Die Schüssel herausnehmen und die Masse weiterrühren, bis sie abkühlt.

Das gesiebte Mehl, Zitronenschale und Salz vorsichtig darunterheben. Die Masse in die Form füllen und glattstreichen. Auf der untersten Rille in den Ofen schieben und bei 180 °C 40 Minuten goldbraun backen. In der Form auskühlen lassen, dann stürzen.

Den Zucker mit dem Wasser zu Sirup kochen und sofort unter den Quark mischen. Die Schokolade grob würfeln, die verschiedenen Nuss-Sorten und die kandierten Früchte fein hacken respektive geschnitten oder gerieben beigeben.

Den Biskuit zweimal quer durchschneiden, so dass drei gleichmässige Scheiben entstehen. Die unterste Scheibe in die mit Folie ausgelegte Form geben.

Zucker und Wasser zu Sirup kochen. Abkühlen lassen und mit Maraschino mischen. Die eingelegte Biskuitscheibe mit einem Drittel der Flüssigkeit tränken.

Die Quarkmasse mit Zimt und Vanillezucker mischen. 10 EL dieser Creme zum Überziehen beiseite stellen. Die getränkte eingelegte Scheibe mit einem Drittel der Quarkmasse bestreichen. Die zweite Biskuitscheibe darauflegen und ebenfalls mit Maraschino-Sirup grosszügig tränken. Das zweite Drittel der Quarkmasse darauf verteilen, dann die dritte Biskuitscheibe in die Form legen und wiederum tränken. Das Ganze mit Quarkmasse decken. Mit Folie überziehen. In den Tiefkühler stellen. Nach ca. 5 Stunden aus der Form nehmen und die Pastete mit der beiseite gestellten Quarkmasse total überziehen. Wiederum in den Tiefkühler stellen.

Für die Glasur die Schokolade mit Rahm leicht erhitzen und flüssig werden lassen. Abkühlen. Den Grand Marnier beigeben. Die Pastete damit überziehen.

Butter und Zucker zusammen erhitzen respektive rösten, bis die Masse das erste Mal aufschäumt. Mit Orangensaft ablöschen und die Schale beigeben. Zur Hälfte einkochen lassen. Den Grand Marnier beigeben.

Anrichten:

Die Pastete mit einem heissen Messer in Tranchen schneiden und mit Orangensauce anrichten.

Tips zum Vorbereiten:

Die Pastete kann auch in einer Gugelhupf- oder in einer grossen Timbale-Form zubereitet werden.

Tags zuvor …

Die Pastete einfüllen und im Tiefkühler aufbewahren.

Stunden vorher …

mit Schokoladenglasur überziehen und im Kühlschrank aufbewahren. Die Orangensauce zubereiten.
Das Rezept stammt aus Sizilien und gilt als ursprüngliche Art der Zubereitung.

Gewürz-Parfait mit Hagebuttensauce

6 bis 12 Portionen · Gefrierzeit ca. 6 Stunden
Saison: Herbst

Je 50 g Korinthen, Rosinen, gewürfeltes Zitronat und Orangeat · 2 EL Rum · 200 g Zucker · 1 dl Vollmilch · 1 Prise Salz · 1 Zitrone, Schale abgerieben (nur Gelbes) · 3 Eier · 3 Eigelb · 50 g Mandelblättchen · 2 TL Lebkuchengewürz · 3 dl Vollrahm (Sahne)

30 g Puderzucker · 30 g Kakao

Für die Hagebuttensauce:

1 kg Hagebutten · 200 g Zucker · 2,5 dl Wasser · 2 EL Hagebuttenkonfitüre · 1 TL Zitronensaft · 1 EL Kirsch(wasser)

Die Früchte ca. 1 Stunde in den Rum einlegen.
Den Zucker caramelisieren, bis er braun wird und das erstemal aufschäumt. Mit Milch ablöschen, bei kleiner Hitze lösen. Salz und die abgeriebene Zitronenschale beigeben. Die Caramelsauce abkühlen lassen.
Eier und Eigelb in eine Schüssel geben und über einem heissen Wasserbad verrühren. Die Caramelsauce nach und nach zufügen. Zu einer schaumigen dicken Masse aufschlagen. Aus dem Wasserbad nehmen und in eine Schüssel mit kaltem Wasser und Eiswürfeln stellen. So lange rühren, bis die Masse völlig abgekühlt ist.
Korinthen, Rosinen, Orangeat mit dem Rum und den Mandeln beigeben. Das Lebkuchengewürz unter die Creme mischen. Den Rahm steif schlagen und locker darunterziehen.
Eine Stollen- oder Cakeform mit Aluminiumfolie auslegen. Die Creme einfüllen und glattstreichen. Bei der Stollenform

den Deckel auflegen und die Cakeform mit Folie decken. 6 bis 8 Stunden im Tiefkühler gefrieren lassen.
Vor dem Servieren stürzen. Die Folie abziehen und das Parfait mit Puderzucker und Kakao überstäuben.
In Scheiben schneiden und mit Hagebuttensauce anrichten.
Die Hagebutten waschen, halbieren, Kerne und Fasern entfernen. Nochmals gründlich waschen. Zucker und das Wasser zum Kochen bringen. Die Hagebuttenschalen zugeben. Bei mässiger Hitze 45 Minuten kochen. Einige Hagebuttenstücke für die Garnitur zurückbehalten, den Rest mit der Hagebuttenkonfitüre pürieren. Mit Zitronensaft und Kirsch abschmecken.

Käse-Terrine mit Mascarpone und Trauben in Weinblättern✡

ca. 20 Portionen · Saison: Herbst bis Winter

500 g Ziegenkäse (50 % Fett) · 500 g Mascarpone nature · Salz · schwarzer Pfeffer aus der Mühle · 1 dl Sauerrahm · 1 dl Doppelrahm (Crème double) · 3 Blatt Gelatine

250 g blaue, evtl. kernlose Trauben · 20 kleine, zarte Weinblätter, blanchiert (anstelle: Spinat oder Mangoldblätter) · 5 dl Wasser · 1 TL Salz

1 dl Nussöl · 1 dl Sonnenblumenöl · 10 frische Baumnüsse · 20 Pinienkerne

Ziegenkäse, Mascarpone, Salz, Zucker, Sauerrahm und Doppelrahm im Mixer kurz mischen.
Die Gelatineblätter in Wasser einlegen, bis sie zusammen-

fallen. Herausnehmen, ausdrücken und mit 2 EL Wasser klar lösen. Vorsicht, Gelatine darf nicht kochen – also mit kleiner Temperatur arbeiten. $\frac{4}{5}$ der Gelatine der Käsemasse beigeben.
Die Trauben ablesen und waschen. Eine Terrine-Form mit Klarsichtfolie auslegen und die Folie mit einer ganz dünnen Gelatineschicht bepinseln. So lässt sich die Terrine mehrere Tage aufbewahren, ohne dass die grünen Weinblätter anlaufen.
Die Weinblätter in kochendem Salzwasser minutenschnell überwellen. Kalt abspülen, auf einem Küchentuch sorgfältig auslegen. Grobe Blattstiele entfernen.
Die Klarsichtfolie mit den Weinblättern belegen und die Käsemasse, mit Traubenbeeren gemischt, einfüllen. Glattstreichen und mit Weinblättern abdecken. Über Nacht kühl stellen.
Mit einem scharfen, in heisses Wasser getauchten Messer in Tranchen schneiden.
Auf die Käseteller etwas gemischtes Öl verteilen und die Käsescheiben hineinlegen. Rundum mit Baumnusskernen und in einer Teflonpfanne ohne Fett gerösteten Pinienkernen garnieren.

Tips zum Vorbereiten:

Tags zuvor …

Die Terrine fixfertig vorbereiten.

à la minute …

stürzen, aufschneiden, Pinienkerne rösten. Baumnusskerne auslösen.

Frische Feigen, in Cassis gedünstet, mit Limes-Sorbet

4 Personen · Saison: Juni bis ca. Dezember, je nach Provenienz

½ l Limes-(Limetten-)Sorbet (Rezept Seite 208) · 8 frische kleine Feigen · 20 g Butter · 2 dl Cassis-Likör · 2 dl Macôn, weiss (französischer Weisswein) · 1 Nelke · 1 Zimtstengel

200 g Himbeeren · 1 EL Puderzucker · 1 EL Himbeergeist · 2 Limes (Limetten)

1 dl Grenadine-Sirup (Granatapfel-Sirup) · Cayennepfeffer

Zuerst das Sorbet zubereiten. Die Feigen mit feuchtem Küchenpapier abreiben. Die Stielansätze wegschneiden und die Haut mit einer spitzen Gabel mehrmals einstechen.
Den Backofen auf 180 °C Mittelhitze vorheizen. Eine Gratin-Form mit Butter ausstreichen. Die Feigen eng zusammen in die Form stellen. Den Cassis-Likör und den Wein mischen, die Feigen damit überziehen. Die Nelke und den klein zerbrochenen Zimtstengel in die Flüssigkeit legen. Die Form auf der untersten Rille in den Ofen schieben. Bei gleicher Temperatur ca. 40 Minuten vor dem Siedepunkt ziehen lassen. Dann die Feigen in der Flüssigkeit auskühlen lassen.
Acht schöne Himbeeren für die Garnitur beiseite legen. Den Rest durch ein Haarsieb streichen. Mit Puderzucker und Himbeergeist verrühren. Kühl stellen.
Die Limes mit warmem Wasser waschen und mit einem Küchentuch trocknen. Die grüne Schale dünn abziehen und einen Moment in kochendes Wasser geben. Auf Küchenpapier trocknen. Das Fruchtfleisch einer Lime mit einem scharfen Messer lösen und die Schnitzchen ebenfalls als Garni-

tur beiseite stellen. Den Saft der zweiten Lime auspressen. Die Feigen aus der Sauce nehmen. Die Sauce in ein Pfännchen passieren. Mit dem Limes-Saft, dem Himbeerpüree und dem Grenadine-Sirup dickflüssig einkochen. Mit einer Spur Cayennepfeffer und, wenn nötig, mit mehr Limes-Saft abschmecken. Die Feigen wieder hineinlegen und leicht erwärmen.

Anrichten:

Die Sauce auf Teller verteilen, je zwei warme Feigen dazusetzen. Himbeeren, Limes-Schnitzchen und Limes-Sorbet dazu arrangieren und mit Limes-Schalen garnieren.

Limes-Sorbet (Limetten-Sorbet)

ca. 12 grosse Portionen respektive ca. 1 Liter Sorbet
Saison: ganzes Jahr

2 dl Wasser · 200 g Zucker · 1 EL Vanillezucker · Schale von 5 mittelgrossen Limes (Limetten) · 5 dl Mineralwasser, neutral · 3 dl Saft aus 1½ kg Limes (Limetten)

Wasser, Zucker und Vanillezucker zum »schweren Tropfen« einkochen, d.h. so lange köcheln lassen, bis Siruptropfen beim Hochheben an der Holzkelle kristallisieren.
Die Limes warm waschen und mit einem Küchentuch abtrocknen. Die grünen Schalen mit einem Spezialmesser dünn abziehen. Vorsicht, es darf keine weisse Haut mitgeschält werden. Das Mineralwasser und die Limesschalen mit dem heissen Sirup mischen und alles 40 Minuten ziehen lassen.
Den frisch gepressten Limes-Saft zufügen, die Flüssigkeit

absieben. In den Behälter der Haushalt-Sorbetière giessen und das Sorbet im Tiefkühler gefrieren lassen.

Tip: Achten Sie beim Auspressen von Zitrusfrüchten darauf, dass die halbierten Früchte sorgfältig gepresst werden. Drükken Sie zu stark, so gelangen leicht Bitterstoffe der Innenhäute in den Saft.

Feigen gefüllt, im Schokolade-Mantel in Sauerrahmsauce mit Bitterorangen

Für ca. 8 Feigen, je nach Grösse · Saison: ganzes Jahr

50 g Zucker · 30 g geschälte Mandeln · 20 g Baumnüsse (Walnüsse) · 50 g dunkle Schokolade (Crémant) · 2 EL Wasser

1 dl Marsala · 2 dl Wasser · 50 g Zucker · 2 dl Weisswein · 1 Zimtstengel · 1 Nelke · 1 EL Bitterorangen-Konfitüre · 1 EL Grand Marnier

8 grosse, feste, nicht zu reife, frische Feigen

200 g dunkle Schokolade (Crémant) · 3 EL Wasser · ½ dl Vollrahm (Sahne)

½ dl Vollrahm (Sahne) · ½ dl Sauerrahm · 1 EL Vanillezucker (Rezept Seite 269)

Den Zucker hellbraun rösten, bis er das erstemal aufschäumt. Mandeln und Baumnüsse beigeben, gut mischen. Auf Aluminiumfolie oder einem Backblech ausstreichen und abkühlen lassen. Fein mahlen. Die Schokolade mit 2 EL Wasser im warmen Wasserbad flüssig rühren, mit den Nüssen mischen und abkühlen lassen.

Marsala, Wasser, Zucker, Weisswein, Zimtstengel sowie Nelke aufkochen und sirupartig einköcheln lassen. Absieben, mit Bitterorangen-Konfitüre und Grand Marnier mischen. Diesen Sirup für die Garnitur kühl stellen.
Die Feigen längs halbieren und mit der Schokoladenmasse füllen. Sorgfältig zusammendrücken, so dass wieder ganze Feigen entstehen. Kühl stellen.
Die Schokolade mit dem Wasser im Wasserbad lösen. Den Rahm dazugiessen und abkühlen lassen. Die Feigen eine nach der anderen in der Schokoladensauce drehen. Auf eine Folie legen und wieder in den Kühlschrank stellen.
Rahm und Sauerrahm glattrühren, mit Vanillezucker süssen.
Die Rahmsauce auf vorgekühlte Teller verteilen, den Orangensirup hineindressieren und je eine Schokoladefeige daraufstellen.

Feine Apfel-Charlotte mit Calvados

6 bis 12 Personen · Für eine Springform mit 20–25 cm Durchmesser · Saison: ganzes Jahr

Für den Biskuitboden:

20 g flüssige Butter und Mehl für die Springform · 2 Eier · 2 Eigelb · 100 g Zucker · 2 Vanillestengel, längs aufgeschnitten, Samen ausgeschabt · 100 g Mehl, gesiebt · 1 Prise Salz

3 Blatt Gelatine · 250 g Apfelmus · 100 g Zucker · 2 EL Wasser · 0,4 dl Calvados · 2,5 dl Vollrahm (Sahne), steif geschlagen

3 EL Johannisbeergelee

2–3 mittelgrosse Äpfel · 10 g Butter · 30 g Zucker · 1 EL Vanillezucker · 2 EL Wasser · 4 EL Zwetschgenmus, aus Kompott fein püriert · 1 EL Pruneaux (Zwetschgenschnaps)

Die Backform mit Butter ausstreichen und mit Mehl bestäuben.

Eier, Eigelb und Zucker in ein feuerfestes Schüsselchen geben und über einem heissen Wasserbad so lange schaumig rühren, bis die Masse hell und luftig wird. Das dauert etwa 10 Minuten. Herausnehmen und weiterrühren, bis die Masse kalt ist respektive Zimmertemperatur hat. Die Vanillesamen beigeben. Das Mehl mit dem Salz nach und nach locker unter die Masse ziehen. Den Biskuitboden bei 220 °C 25 bis 30 Minuten backen.

Die Gelatine in kaltes Wasser einlegen. Das Apfelmus und den Zucker zusammen 5 bis 10 Minuten einkochen lassen. Die Gelatine ausdrücken, mit 2 EL Wasser bei mässiger Hit-

ze klar lösen und dem Apfelmus beigeben. Abkühlen lassen, dann den Calvados und den Rahm locker unter die Masse ziehen.
Die Biskuitboden quer in vier etwa 1 cm dicke Scheiben schneiden. Drei der Scheiben dünn mit Johannisbeergelee bestreichen und aufeinanderlegen. Die Scheiben erst in Streifen, dann die Streifen in Rechtecke von ca. 2½ cm schneiden. Auf jeden Fall sollten sie ca. 2 cm kürzer als die Randhöhe der Springform sein. Man kleidet den Rand der Form damit aus, füllt die Apfelmusmasse ein und streicht sie glatt. Mit der vierten Biskuitscheibe decken und die Torte 3 bis 4 Stunden in den Kühlschrank stellen. Danach vorsichtig auf eine Platte stürzen.
Die Äpfel schälen, in gleichmässige Scheiben schneiden. Butter, Zucker und Vanillezucker zusammen erhitzen. Mit Wasser ablöschen. Die Apfelscheiben einlegen und auf beiden Seiten caramelisieren. Herausnehmen, abkühlen lassen und fächerartig auf die Apfeltorte legen. Mit Zwetschgensauce (aus Zwetschgenmus und Pruneaux) servieren.

Buessikoner Rhabarber-Tarte mit Erdbeer-Sorbet

4 Personen · Saison: Frühling bis Sommer

Für den Mandelteig:

80 g Butter · 1 TL Vanillezucker (Rezept Seite 269) · 100 g Zucker · 1 Ei · 1 Prise Salz · 3 EL Vollrahm (Sahne) · 1 Zitronenschale, abgerieben (nur Gelbes) · 150 g Mehl · 100 g Mandeln, geschält und fein gerieben

Für den Belag:

4–6 Rhabarberstengel, wenn möglich rote, dicke · 2 dl Zuckersirup (aus 2,5 dl Wasser und 2 EL Zucker eingekocht) · 100 g Erdbeeren, püriert · 1 EL Grand Marnier (Orangenlikör)

Mehl zum Ausrollen · Butter für das Backblech · 1 dl Vollrahm (Sahne), geschlagen · 1 Vanillestengel, längs halbiert, die Samen ausgeschabt · 1 EL Hagelzucker · 20 g Pistazien, grob gehackt · Puderzucker · 4 Portionen Erdbeer-Sorbet (Rezept Seite 215)

Die weiche Butter schaumig rühren, bis sie hell wird und Spitzchen bildet.
Vanillezucker, Zucker, Ei, Salz, Rahm und Zitronenschale beigeben. Weiterrühren, bis sich der Zucker löst.
Das gesiebte Mehl und die Mandeln zufügen, den Teig mischen und sorgfältig zusammendrücken. Nicht kneten. Mindestens 30 Minuten kühl stellen.
Die Rhabarberstengel schälen. Mit einem scharfen Messer schräg in sehr dünne, längliche Streifen schneiden.
Den Zuckersirup mit dem passierten Erdbeerpüree und 1 EL Grand Marnier in einer flachen, weiten Pfanne aufko-

chen. Die Rhabarberstreifen hineinlegen und lagenweise in 4 bis 5 Minuten weich kochen. Im Sirup auskühlen lassen.
Den Backofen auf 180°C Mittelhitze vorheizen. Den Teig mit möglichst wenig Mehl dünn auswallen. Mit Herzformen oder Ringen Portionen ausstechen. Auf ein bebuttertes Backblech legen und auf der zweituntersten Rille in den Ofen schieben. Ca. 15 Minuten goldbraun backen. Abkühlen lassen.
Den Rahm steif schlagen, mit Vanillesamen mischen und die abgekühlten Tartes damit dünn bestreichen.
Mit den Rhabarberstückchen dachziegelartig belegen und Hagelzucker sowie Pistazien daraufstreuen.
Auf Teller anrichten, die mit Puderzucker bestäubt sind. Rundum einen Rand von Rhabarber-Erdbeer-Sirup verteilen.
Mit einem heissen Löffel je eine Portion Erdbeer-Sorbet ausstechen.

Erdbeer-Sorbet mit Pernod und schwarzem Pfeffer

8 bis 12 Portionen · Saison: Frühling bis Sommer

500 g frische Erdbeeren · 2 EL Vanillezucker (Rezept Seite 269) · Saft von ½ Zitrone · 1 dl Zuckersirup (eingekocht aus 3 dl Wasser und 80 g Zucker) · ½ dl Pernod · 1 EL schwarze Pfefferkörner, zerdrückt

Die gut reifen Erdbeeren waschen, entstielen und klein schneiden. Mit Vanillezucker bestreuen und den Zitronensaft dazugiessen. 30 Minuten ziehen lassen.
Pürieren, mit Zuckersirup, Pernod und den zerdrückten Pfefferkörnern mischen; in der Sorbetière gefrieren lassen.

Mousseline mit Waldmeister und Walderdbeeren ✡

6 Portionen · Für 6 Timbale-Förmchen, mit Folie ausgeschlagen · Saison: Mai

4 Blatt Gelatine · 2 EL Wasser · 2 Eigelb · 75 g Zucker · 2,5 dl Milch · 40 g Waldmeisterblättchen · 2,5 dl Vollrahm (Sahne), geschlagen · 300 g Walderdbeeren · 50 g Puderzucker · Saft von 1 Lime (Limette) · 1 EL Grand Marnier

Die Gelatine in kaltem Wasser einweichen. Herausnehmen und mit 2 EL Wasser klar lösen.
Eigelb und Zucker schaumig rühren. Die Milch erhitzen. Die Gelatine beigeben und unter die Eigelbmasse ziehen. Die Mischung schlagen, bis sie abgekühlt ist. Den Waldmeister klein hacken und zusammen mit dem geschlagenen Rahm darunterheben. In die Timbale-Förmchen füllen und mindestens 2 Stunden kühlen.
Für die Sauce die Walderdbeeren mit dem Puderzucker und dem Limesaft pürieren. Ein paar schöne Beeren für die Garnitur zurückbehalten. Mit Grand Marnier parfümieren. Durch ein Sieb passieren und auf die Teller verteilen. Die Waldmeister-Mousselines stürzen, auf die Sauce anrichten und mit den zurückbehaltenen Beeren garnieren.

Schokolade-Marquise mit Pfefferminzcreme

6 bis 8 Personen · Für eine Charlotte-Form von ca. 24 cm Durchmesser oder Portionsförmchen
Saison: ganzes Jahr

350 g dunkle Schokolade (Crémant) · 2 EL Wasser · 120 g Butter · 100 g Puderzucker · 4 Eigelb · 4 Eiweiss · Butter für die Form

½ l Vanillecreme (Rezept Seite 268) · 2 EL Pfefferminzlikör · 1 Bund frische Pfefferminze

Die zerbröckelte Schokolade mit Wasser im Wasserbad oder im Mikrowellengerät (Glasschüssel) schmelzen.
Die Butter mit dem Puderzucker schaumig rühren. Die Eigelb nach und nach beigeben, dann mit der Schokolade mischen. Das Eiweiss steif schlagen und die Schokoladenmasse damit lockern. In eine bebutterte Charlotten- (oder Timbale-)Form füllen. Glattstreichen und über Nacht zugedeckt im Kühlschrank fest werden lassen.
Die kalte Vanillecreme mit Pfefferminzlikör abschmecken. Drei Pfefferminzblätter in sehr feine Streifen schneiden und unter die Vanillecreme ziehen.
Die Marquise einen Moment in kochendes Wasser halten und dann aus der Form stürzen. Die kalte Pfefferminzcreme dazugiessen oder separat dazu servieren.

Mehrere Tage zuvor ...

kann die feine, aber reichhaltige Schokoladenmasse vorbereitet und kühlgestellt werden.

Kurz vor dem Servieren ...

die Pfefferminze wie auch den Likör unter die Sauce ziehen.

Madeiraschaum, halbgefroren, mit Schokoladensauce

6 Personen · Saison: ganzes Jahr

1 hohe Cake- oder Rehrückenform · 1 feines Biskuit, in Cake-Form gebacken (Rezept Seite 244) · 6 Eigelb · 200 g Zucker · 1½ dl Madeira · 4 dl Vollrahm (Sahne), geschlagen · 1 dl Zuckersirup (1,5 dl Wasser und 30 g Zucker auf 1 dl reduziert) · 3 EL Cognac (Weinbrand)

Für die Sauce:

1 dl starker, frischer Kaffee (Espresso) · 3 dl Vollrahm (Sahne) · 100 g Schokolade (Crémant), geraffelt · 10 g Maizena · 30 g Zucker · 100 g Schokoladespäne

Die Form mit Folie auslegen. Das Biskuit nach Rezept vorbacken.
Eigelb mit Zucker und Madeira über einem heissen Wasserbad zur Sabayon aufschlagen. Anschliessend kaltrühren. Mit dem Rahm mischen und die Hälfte dieser Masse in die Cake- oder Rehrückenform einfüllen. In den Tiefkühler stellen und anfrieren. Eine Schicht Biskuit darauflegen und mit Zuckersirup, der mit Cognac gemischt wurde, beträufeln. Mit dem Rest der Sabayon-Masse auffüllen und 3 bis 4 Stunden gefrieren lassen.
Zum Anrichten kurz in heisses Wasser tauchen und stürzen. Mit einem heissen Messer in Tranchen schneiden.
Alle Zutaten, ausgenommen die Schokoladespäne, im Wasserbad unter Rühren erhitzen und wieder abkühlen lassen. Die Sauce als Spiegel auf die Teller verteilen und die Tranchen darauf anrichten. Mit Schokoladespänen bestreuen.

Caramel-Glace mit warmem Qumquats-Dattel-Kompott an Grand Marnier-Sauce

4 Portionen · Saison: Winter

14 Würfelzucker · 3 dl Doppelrahm (Crème double) · 1 dl Vollrahm (Sahne) · 1 Prise Salz · Saft von ½ Zitrone · 2 Eier · 1 EL Zucker · 1 dl geschlagener Vollrahm (Sahne) · 1 TL Rum · 1 EL Rosinen, in Rum eingelegt

500 g Qumquats · 400 g frische Datteln, entsteint · 3 dl Zuckersirup (3 dl Wasser, 100 g Zucker, 1 dl Weisswein) · ½ Zimtstengel · 1 Nelke · 1 dl Wasser · 3 EL Grand Marnier

Den Würfelzucker zerfliessen lassen und caramelisieren, bis er hellbraun wird und einmal aufschäumt.
Den Doppelrahm dazugeben und die Masse um ca. ein Drittel einkochen lassen.
Den Rahm zufügen. Mit Salz und Zitronensaft aromatisieren.
Eier und Zucker schaumig rühren, die Caramelmasse dazugiessen und nochmals ganz kurz auf ca. 80°C erhitzen. Etwas abkühlen lassen, dann den geschlagenen Rahm und den Rum unterziehen. Abkühlen und in der Eismaschine gefrieren lassen. Zuletzt die Rosinen ohne Saft beimischen.
Für das Kompott die Qumquats in Scheiben schneiden. Mit den Datteln im Zuckersirup 10 Minuten bei mässiger Hitze ziehen lassen.
Zimtstengel und Nelke beigeben und weitere 30 Minuten warm halten. 1 dl Wasser nachgiessen. Zimtstengel und Nelke herausnehmen.
Die Glace auf vorgekühlten Tellern anrichten. Rundum die Qumquats-Scheiben und die Datteln legen. Wenn der Sirup

zu stark reduziert ist, mit ½ dl Wasser verdünnen, mit Grand Marnier parfümieren. Qumquats und Datteln damit überziehen.

Tags zuvor ...

Glace: kann zubereitet und gefroren werden. Vor dem Servieren 1 Stunde im Kühlschrank aufbewahren. Kompott: kann zubereitet werden. Die Früchte dann im Sirup liegenlassen.

Kalte Rhabarbersuppe mit Erdbeeren

10 bis 12 Portionen · Saison: Frühling bis Sommer

2 kg Rhabarber · 2 l Wasser · 100 g Zucker ·
1 Vanillestengel, ausgekratzte Samen ·
1 Zimtstengel · 1 Nelke · 1 Flasche französischer
Champagner, brut · ½ dl Grand Marnier ·
½ Zitrone · 200 g Erdbeeren oder Himbeeren oder
Waldbeeren oder gemischte Beeren · 1 Bund
Pfefferminze oder Zitronenmelisse

Den Rhabarber schälen, längs halbieren und in 2 cm lange Stücke schneiden. Wasser, Zucker, Vanillesamen, Zimtstengel, Nelke und abgezogene Rhabarberschalen zusammen 30 Minuten kochen lassen. Den Sirup absieben, in eine grosse weite Pfanne giessen und die Rhabarberstücke darin 5 bis 8 Minuten pochieren. Sie sollen knapp weich sein. Herausnehmen, abtropfen und abkühlen lassen.
Den Champagner zum Sirup giessen und beides zur Hälfte einkochen. Abkühlen, im Kühlschrank mehrere Stunden aufbewahren. Zuletzt mit Grand Marnier und Zitronensaft parfümieren.
In vorgekühlte Schalen füllen und Rhabarberstücke sowie Beeren einlegen. Mit Pfefferminze oder Zitronenmelisse garnieren.

Johannisbeer-Charlotte mit Cassis-Creme

6 bis 8 Portionen · Saison: Sommer

250 g rote Johannisbeeren · 250 g schwarze Johannisbeeren · 220 g Zucker · 6 EL Cassis (Likör von schwarzen Johannisbeeren) · 6 EL Wasser · 6 Eigelb · 6 Blatt Gelatine, in kaltes Wasser eingelegt · 4 dl Vollrahm (Sahne) · 50 g Löffelbiskuits · etwas Rahm (Sahne) zum Garnieren

100 g schwarze Johannisbeeren · ½ dl Doppelrahm (Crème double) · 2 EL Zucker · 2 EL Kirsch(wasser)

Die Johannisbeeren waschen und von den Rispen streifen. Die Hälfte der roten und die Hälfte der schwarzen Beeren mit 70 g Zucker, dem Cassis-Likör und 6 EL Wasser zum Kochen bringen. Zugedeckt 5 Minuten bei mässiger Hitze ziehen lassen. Die restlichen Beeren mit 100 g Zucker mischen und zur Seite stellen.

Die Eigelb mit dem restlichen Zucker im warmen Wasserbad schaumig rühren.

Das Johannisbeerkompott durch ein feines Haarsieb streichen.

Die Gelatine ausdrücken und mit 2 EL Wasser bei mässiger Hitze klar lösen. Dem Fruchtpüree beigeben und dieses unter die Eigelbmasse rühren. Etwa 30 Minuten kalt stellen, bis die Creme dem Rand entlang zu gelieren beginnt.

Den Rahm steif schlagen. 5 EL in einen Spritzsack mit Sterntülle füllen. Den restlichen Rahm unter die Johannisbeercreme ziehen.

Teigausstechringe auf je einen Glasteller stellen, am unteren Innenrand Rahmringe spritzen.

Die Löffelbiskuits mit der Zuckerseite nach aussen dicht in den Rahm stellen. Die Creme hineinfüllen und 2 Stunden

kalt stellen. Vor dem Servieren die Ringe vorsichtig abnehmen, die Charlotte mit den gezuckerten Beeren und eventuell mit etwas Rahm garnieren.
Nach Belieben zusätzlich schwarze Johannisbeeren pürieren. Durch ein feines Sieb passieren und mit Doppelrahm, Zucker und Kirsch mischen. Als Sauce dazu servieren.

Leichte Joghurt-Terrine mit Früchten✩

12 bis 16 Portionen · Für eine Terrine-Form oder Cake-Form von ca. 24 cm Länge, kühl gestellt
Saison: ganzes Jahr

120 g Zucker · 50 g Vanillezucker (Rezept Seite 269) · 3 dl Wasser · 17 g Sulzpulver · 400 g Joghurt nature · 400—500 g frische Beeren, wie Himbeeren, Heidelbeeren, Walderdbeeren, Brombeeren, Trauben; auch andere Früchte wie Bananen, Feigen, Datteln, Mandarinen, Orangen usw., je nach Reifegrad mit Zucker gesüsst und evtl. geschnitten

Für die Fruchtsauce:

300 g Früchte oder Beeren (je nach Zusammensetzung der Terrine) · 2 EL Vanillezucker (Rezept Seite 269) · Saft von ½ Zitrone · 2 EL Grand Marnier oder Maraschino oder anderer passender Likör

Zucker, Vanillezucker und Wasser aufkochen. Das Sulzpulver zugeben und nochmals aufkochen. Abkühlen lassen und den Joghurt daruntermischen.

Die vorgekühlte Terrine-Form mit etwas Joghurtmasse ausgiessen. Fest werden lassen, dann einen Teil der vorbereiteten Früchte einsetzen. Mit Joghurtmasse decken. Wieder fest werden lassen. So lagenweise Beeren und Joghurt einschichten, bis die Form gefüllt ist. Ca. 4 Stunden kühl stellen. Stürzen und mit einem heissen Messer in Scheiben schneiden.

Die folgende Fruchtsauce dazu servieren.

Die Früchte pürieren, durch ein feines Sieb passieren und mit Vanillezucker, Zitronensaft und Likör abschmecken.

Für die Terrine kann anstelle von Zucker auch künstliches Süsspulver verwendet werden. Dann ist sie besonders geeignet für Diabetiker respektive für Kalorienbewusste.

Orangen-Soufflé

4 bis 6 Personen · Für eine Soufflé-Form von ca. 17 cm Durchmesser · Saison: Winter

Butter und Zucker für die Form · 4 Eigelb · 2 EL Vanillezucker (Rezept Seite 269) · 2 EL Grand Marnier · 1 Orange, abgeriebene Schale (nur Gelbes) · 6 Eiweiss · 20 g Zucker · 20 g Puderzucker

Für die Orangensauce (2 dl):

20 g Butter · 40 g Zucker · 5 dl Orangensaft, frisch gepresst · Julienne von 1 Orange · 1 TL Zitronensaft · 1 EL Grand Marnier

Die Form mit Butter ausstreichen und mit Zucker bestreuen. Den Backofen auf 200°C Mittelhitze vorheizen.
Die Eigelb mit Vanillezucker und Grand Marnier in einer Schüssel über einem heissen Wasserbad schaumig rühren. Die Schüssel herausnehmen und die Masse kaltrühren. Die Orangenschale beigeben. Die Eiweiss steif schlagen, den Zucker zufügen und die Masse 5 Minuten weiterschlagen. Das Eiweiss sehr locker unter die Eigelbmasse ziehen. Sofort in die Form füllen, glattstreichen und auf der untersten Rille in den Ofen schieben. 20 bis 25 Minuten backen, bis die Masse luftig ist.
Mit Puderzucker bestäuben und mit Orangensauce servieren.
Für die Sauce Butter und Zucker erhitzen und hellbraun werden lassen. Den Orangensaft zufügen und alles auf ca. 2 dl eindampfen lassen. Die Orangen-Julienne beigeben. Mit Zitronensaft und Grand Marnier abschmecken. Die Sauce abkühlen lassen und separat zum warmen Soufflé servieren.

Winterfrüchte in Blätterteig mit Sauce aus getrockneten Aprikosen

6 bis 12 Personen, je nach Portion mit Vanillesauce oder Vanille-Glace · Saison: Winter

1 Backblech · Butter fürs Backblech · 1 Portion Blätterteig (Rezept Seite 247) · Mehl zum Ausrollen

Zuckersirup aus 7 dl Wasser und 80 g Zucker · 1 Zitrone · 2 dl Armagnac · 24 Datteln, entsteint · 24 getrocknete Pflaumen, entsteint · 200 g getrocknete Aprikosen · 200 g getrocknete Äpfel

4 Scheiben Ananas · 4 kleine Bananen · 4 EL Rum · 1 EL Vanillezucker (Rezept Seite 269)

1 Eiweiss · 2 Eigelb · 1 EL Öl · 1 Prise Zucker

Für die Sauce aus getrockneten Aprikosen:

200 g getrocknete Aprikosen · 3 dl warmes Wasser · ½ dl Rum · ½ dl Maraschino · 1 EL Vanillezucker (Rezept Seite 269)

Puderzucker zum Besieben

Den Backblechrücken mit Butter bestreichen.
Die Hälfte des Blätterteigs mit möglichst wenig Mehl auswallen, ca. 3 cm grösser als die Backblechfläche. Den Teig darauflegen, den Rand so zurückschneiden, dass er ca. 1 cm über die Kante hängt. Den Boden mit einer Gabel mehrmals einstechen und kühl stellen.
Wasser und Zucker zusammen aufkochen.
Den Saft von 1 Zitrone beigeben. Sirupartig einkochen, dann abkühlen lassen und mit dem Armagnac mischen. Die ge-

trockneten Früchte zum Aufquellen, nach Sorten getrennt, in den Sirup legen.
Die Ananasscheiben in Stücke schneiden, den harten Kern entfernen.
Die Bananen schälen, ebenfalls in beliebige Stücke schneiden.
Beide Fruchtsorten getrennt mit Rum beträufeln. Mit Vanillezucker nachsüssen.
Das zweite Teigblatt etwa ein Viertel grösser als der Boden mit wenig Mehl ausrollen. Die Früchte-Sorten mischen und streifenweise (im Abstand von ca. 2 cm) ohne Flüssigkeit auf den Blätterteigboden verteilen.
Die Zwischenräume mit dem verklopften Eiweiss bestreichen. Das Teigblatt locker darüberfallen lassen. Die Zwischenräume sorgfältig andrücken. Den überhängenden Rand mit dem Deckelrand zusammenkleben und rund um die Pastete anlegen.
Das Eigelb mit Öl und Zucker mischen, die Pastete damit bepinseln und mindestens 40 Minuten kühl stellen.
Den Backofen auf 180°C Mittelhitze vorheizen. Die Pastete auf der untersten Rille einschieben und 30 Minuten bei gleicher Temperatur backen. Den Ofen zum Abkühlen öffnen. Auf 50°C stellen und die Pastete bei dieser Temperatur (Backofentür wieder geschlossen) 15 Minuten ruhen lassen.
Die Aprikosen im warmen Wasser ca. 30 Minuten aufquellen lassen. Im Mixer mit der Flüssigkeit pürieren.
Den Rum, den Maraschino und den Vanillezucker beigeben und kühl stellen.

Servieren:

Die warme Pastete mit Puderzucker bestreuen. In Stücke schneiden und mit der Aprikosensauce servieren.
Die Pastete eignet sich besonders gut als Präsentierstück auf einem Dessertbuffet. Sie kann auch mit anderen Fruchtsaucen, mit Vanillesauce oder/und Sorbet respektive Glacen serviert werden.

Käse-Quark-Mousse mit Nussbrot und Weinbirnen

ca. 20 Portionen

2 Blatt Gelatine, in kaltes Wasser eingelegt · 500 g Roquefort · 200 g Rahmquark · 100 g Baumnüsse, grob gehackt, geröstet · 8 dl Vollrahm (Sahne)

Für die Weinbirnen:

6 kleine Birnen, Sorte Kaiser Alexander · 3 dl Wasser · 50 g Zucker · 1 Vanillestengel, aufgeschnitten · 1 Nelke · 1 Zimtstengel · 3 dl trockener Weisswein (z.B. Villette) · 3 dl Rotwein (z.B. Pinot Noir) · 1 dl Wasser · 20 g Zucker

Die Gelatine aus dem Wasser nehmen und 2 EL Wasser bei kleiner Hitze oder im Wasserbad klar lösen. Den Roquefort durch ein feines Sieb streichen und mit dem luftig gerührten Quark mischen. Die gerösteten Nüsse und zuletzt den geschlagenen Rahm darunterziehen.
In eine flache grosse Schale (z.B. eine Gratin-Form) füllen. Glattstreichen. Im Kühlschrank mindestens 3 Stunden fest werden lassen. Mit heissen Löffeln Nocken ausstechen und mit dünngeschnittenem Nussbrot (Rezept Seite 253) und Traubenbeeren oder Weinbirnen garnieren.
Die Birnen schälen, ganz lassen. Wasser, Zucker, Vanillesamen, Nelke, Zimtstengel und Weisswein aufkochen. Ca. 20 Minuten ziehen lassen. Die Birnen ganz in den Sirup stellen. Ca. 30 Minuten langsam weich kochen.
In einer zweiten Pfanne den Rotwein mit Wasser und Zukker kurz einkochen. Die pochierten Birnen so in den Rotweinsirup stellen, dass sie zur Hälfte in der Flüssigkeit stehen. Im Sirup auskühlen lassen. Die zweifarbigen Birnen halbieren, in feine Scheiben schneiden und zur Käse-Mousse servieren.

Mango-Mousse in Himbeer-Coulis

6 bis 10 Portionen, je nach Menge · Saison: Winter bis Frühling

2 reife Mangos, ca. 400 g netto · 2 Eiweiss · 30 g Zucker · 3 Blatt Gelatine, in kaltes Wasser eingelegt · 2 dl Vollrahm (Sahne) · 2 EL Cointreau

Für das Himbeer-Coulis:

250 g Himbeeren · 2 EL Vanillezucker (Rezept Seite 269) · 2 EL Cointreau · 1 EL Kirsch

1 EL Doppelrahm (Crème double)

Die feste Mangohaut abschneiden. Das Fleisch vom Stein lösen und im Mixer fein pürieren. Eventuell durch ein Sieb streichen.
Die Eiweiss steif schlagen, den Zucker nach und nach darunterschwingen, bis die Masse fest und glänzend ist.
Die Gelatineblätter aus dem Wasser nehmen. Mit 1 EL kaltem Wasser bei kleiner Hitze oder im Wasserbad klar lösen.
Den Eischnee und die Gelatinelösung mit dem Mangopüree locker mischen.
Im Kühlschrank ziehen lassen, dann den steifgeschlagenen Rahm locker daruntermischen.
Mit Cointreau parfümieren, in einer vorgekühlten Schale anrichten. Etwa 3 Stunden kühl stellen.
8 schöne Himbeeren für die Garnitur beiseite legen. Die übrigen Himbeeren fein pürieren. Durch ein Sieb passieren, mit Vanillezucker, Cointreau und Kirschwasser mischen.

Anrichten:

Von der Mousse mit einem heissen Löffel Nocken ausstechen und auf Teller anrichten.
Mit Himbeer-Coulis garnieren, den Doppelrahm mit Hilfe

eines Küchenhölzchens als Linien ausziehen. Die Himbeeren und eventuell schön geschnittene Mangoscheiben dazulegen.

Tip: Die Mousse in einer flachen, weiten runden oder ovalen Schüssel 3—4 cm hoch anrichten. Auf diese Art können mehr Portionen ausgestochen werden.

Gesulzte Mandelcreme (Blanc manger) mit Beerensauce

8 Personen respektive 8 bis 10 Portionen, je nach Grösse der Förmchen · Saison: Frühling bis Sommer

5 Blatt Gelatine, in kaltes Wasser eingelegt · 3 EL Wasser · 100 g Mandeln, geschält und gerieben · 5 dl Vollmilch · 50 g Zucker · 1 TL Vanillezucker (Rezept Seite 269) · 1 dl Milch zum Ergänzen · 2 dl Vollrahm (Sahne), steif geschlagen · 3 Tropfen Bittermandelöl

250 g Himbeeren · 1 EL Zucker · 1 EL Zitronensaft

Die Gelatine in kaltes Wasser einlegen, bis sie zusammenfällt. Herausnehmen und auf kleiner Hitze mit Wasser lösen, bis eine klare Flüssigkeit entsteht.
Die Mandeln mit Milch, Zucker und Vanillezucker in eine Pfanne geben. Aufkochen, dann alles durch ein feines Sieb passieren. Die Mandeln dabei gut ausdrücken. Sie können z.B. für gefülltes Hefegebäck weiterverwendet werden.
Die aromatisierte Flüssigkeit mit Milch auf 4 dl ergänzen. Die Flüssigkeit in die ausgespülte Pfanne zurückgeben und mit der flüssigen Gelatine mischen.
Die Pfanne in kaltes Wasser stellen. Öfters umrühren und

Wasser, Nelke, zerbrochene Zimtstange, Zucker und Zitronensaft 30 Minuten in einer grossen, weiten Pfanne köcheln lassen. Den Weisswein beigeben. Die Birnen schälen, ganz oder halbiert in den Sirup legen. Die Schalen ebenfalls zufügen, damit der Birnengeschmack intensiv bleibt. 10 bis 30 Minuten kochen (je nach Reifegrad der Birnen), dann im Sirup auskühlen lassen. Herausnehmen, den Sirup auf ca. 5 dl einkochen. Absieben.
Die Aprikosenkonfitüre mit Williamine im Mixer fein pürieren. Die Birnen in feine Scheiben schneiden. Die Crêpes erst mit dem Sirup beträufeln, dann mit einer dünnen Schicht Aprikosenkonfitüre bestreichen. Die Zitronencreme darauf verteilen und die eine Hälfte mit den Birnenscheiben belegen. Die andere Seite darüberschlagen.
Eine feuerfeste Form mit Butter ausstreichen. Die Crêpes hineinlegen, kurz vor dem Essen mit Butterflocken belegen und mit Puderzucker bestreuen.
Den Backofen auf 200°C Mittelhitze vorheizen. Die Crêpes auf der untersten Rille einschieben. Auf Grill stellen. Etwa 10 Minuten überbacken. Puderzucker und Butter sollen dabei leicht anbräunen und die Crêpes warm werden.
Mit Zimt-Glace servieren, den restlichen Sirup dazugeben.

Cassis-Köpfchen mit Champagner-Creme

4 bis 6 Personen, je nach Grösse der Cassis-Köpfchen
4 bis 6 Puddingförmchen oder eine grosse Form
Saison: Sommer bis Herbst

Für die Champagner-Creme:

3 Blatt Gelatine · 6 Eigelb · 150 g Zucker · 1 Vanillestengel, längs aufgeschnitten, Samen ausgeschabt · 2 dl französischer Champagner brut · 1 EL Zitronensaft · 2 Eiweiss · 20 g Zucker

Für die Cassis-Creme:

3 Blatt Gelatine · 3 Eigelb · 60 g Zucker · 100 g Püree von schwarzen Johannisbeeren (Cassis), ungesüsst und passiert · 2 EL Crème de Cassis (Likör) · 1 EL Doppelrahm (Crème double) · 1 Eiweiss, zu Schnee geschlagen · 10 g Zucker

Für die Cassis-Sauce:

100 g Püree von schwarzen Johannisbeeren (Cassis) · 30 g Zucker · Saft von ½ Zitrone · 1 dl Crème de Cassis (Likör) · 1 EL Doppelrahm (Crème double) · 100 g Cassis-Beeren zum Garnieren

Die Puddingförmchen im Tiefkühler vorkühlen.
Die Gelatineblätter in kaltes Wasser einlegen. Ein Wasserbad vorbereiten. Eigelb, Zucker, Vanillesamen, Champagner und Zitronensaft in einer feuerfesten Schüssel mischen und über dem heissen Wasserbad von Hand oder mit dem Mixstab schaumig rühren. Die eingeweichte Gelatine herausnehmen, mit 2 EL heissem Wasser in ein kleines Pfännchen geben und bei sanfter Hitze lösen, bis eine klare Flüssigkeit entsteht. Der Grundmasse beigeben, die Schüssel auf Eis stellen und weiterrühren, bis alles sehr kalt ist.

Eiweiss steif schlagen, den Zucker beigeben und weiterrühren, bis beides cremig und luftig ist. Locker unter die helle Masse mischen.
Die Cassis-Creme auf die gleiche Art zubereiten, aber von Anfang an Cassis-Püree, Cassis-Likör und Doppelrahm zugeben. Zuletzt ebenfalls mit dem gezuckerten Eischnee lokkern.
Die Puddingförmchen aus dem Tiefkühler nehmen. Die helle Masse zu zwei Drittel einfüllen. Wieder in den Tiefkühler stellen, bis die Creme leicht anzieht. Dann mit der Cassis-Creme auffüllen, und die Förmchen mindestens zwei Stunden kühl stellen.
Das Cassis-Püree passieren, mit Zucker verrühren, mit Zitronensaft und Creme de Cassis abschmecken.

Anrichten:

In der Tellermitte mit der feinen Cassis-Sauce einen Spiegel anrichten. Das Köpfchen in die obere Hälfte stürzen. Dazu den Rand mit einem dünnen Messerchen vorsichtig lösen, die Förmchen einen Moment in kochendes Wasser tauchen. Bei Verwendung einer grossen Form ist es ratsam, diese vor dem Einfüllen mit Klarsichtfolie auszulegen. In die Cassis-Sauce einen Tropfen Doppelrahm einfliessen lassen und ausziehen. Mit einzelnen zurückbehaltenen Beeren garnieren.

Zwetschgen in Rum-Sirup mit Zimt-Glace

4 Personen · Saison: August bis September

1 kg Zwetschgen · 50 g Zucker ·
1 EL Vanillezucker (Rezept Seite 269) ·
30 g Butter · 7 dl fruchtiger Rotwein · 1 Stück
Zimtstengel · 1 Nelke · 2 Scheiben grüne Zitrone
mit Schale · 2 Scheiben Orange mit Schale ·
3–4 EL Rum · 1 dl Doppelrahm (Crème double)

4 Portionen Zimt-Glace (Rezept Seite 266) ·
30 g Pistazien, geschält und fein gehackt

Die Zwetschgen knapp anschneiden und entsteinen, so dass die Früchte möglichst ihre Form behalten.
Zucker, Vanillezucker und Butter zusammen rösten, die Zwetschgen beigeben und einmal darin wenden.
Mit Rotwein ablöschen, kurz aufkochen. Zimtstengel, Nelke, Zitronen- und Orangenscheiben beigeben. Vom Herd nehmen und die Zwetschgen im Sirup auskühlen lassen.
Vorsichtig herausnehmen und den Sirup auf ca. 3 dl einkochen, bis er leicht dickflüssig wird.
Den Sirup absieben, mit Rum parfümieren und mit Doppelrahm mischen.
Lauwarm über die Zwetschgen verteilen. Mit Zimt Glace, überstreut mit Pistazien, servieren.

Gefüllte Äpfel in Calvados-Creme

4 Personen · Saison: ganzes Jahr

Für die Creme:

3 Vanillestengel · 2 dl Vollmilch · 3 dl Vollrahm (Sahne) · 2 Eigelb · 2 Eier · 60 g Zucker · 2 EL Wasser · 1 Prise Salz · 3 EL Calvados · 1 dl geschlagener Rahm (Schlagsahne)

Für die Füllung:

8 Mandeln, geschält · 4 ganze getrocknete Aprikosen · 2 EL Rum · 1 gestrichener TL Zucker · 10 Datteln, entsteint und in Streifen geschnitten

4 Äpfel · 3 dl Wasser · 50 g Zucker · 1 TL Vanillezucker · 2 dl Weisswein

20 g Mandelblättchen, ohne Fett in einem Teflonpfännchen hellbraun geröstet

Die Vanillestengel halbieren und ausschaben. Milch, Rahm, Vanillesamen und Stengel aufkochen. Eier, Zucker und Wasser im heissen Wasserbad mit dem Stabmixer schaumig schlagen. Aus dem Wasser nehmen und einen Moment kalt rühren. Die heisse Vanille-Milch dazugiessen, in die Pfanne zurückschütten und alles nochmals vor den Siedepunkt erhitzen (zur Rose kochen). Abgiessen und abkühlen lassen. Mit Salz und Calvados abschmecken. Den Schlagrahm darunterziehen.

Die Mandeln der Länge nach halbieren oder Mandelstifte verwenden. Die Aprikosen in sehr kleine Würfel schneiden, mit Mandeln, Rum, Zucker und Dattelstreifen mischen, alles durchziehen lassen.

Die Äpfel schälen. Die Fliegen ausschneiden, die Kerngehäuse mit einem Spezialmesser sauber ausstechen. Darauf achten, dass die Äpfel gut stehen; sonst unten flach schnei-

den. Die Füllung satt in die Äpfel füllen. Wasser, Zucker, Vanillezucker und Weisswein zusammen aufkochen und ca. 20 Minuten ziehen lassen. In eine Gratin-Form giessen.
Den Backofen auf 180 °C Mittelhitze vorheizen. Die Äpfel in die Flüssigkeit stellen. Auf der zweituntersten Rille in den Ofen schieben und je nach Apfelsorte 20 bis 40 Minuten schmoren. Danach den Ofen auf 50 °C stellen und die Äpfel warm halten.
Die Creme in kalten Tellern anrichten, die warmen Äpfel hineinsetzen. Mit gerösteten Mandelblättchen überstreuen.

Birnen in Château Coutet mit Honig-Sabayon

4 Personen · Saison: ganzes Jahr

4 mittelgrosse, mittelreife Birnen (Kaiser Alexander) · 5 dl Château Coutet Sauternes-Barsac (weisser Bordeaux) · 3 dl Zuckersirup (6 dl Wasser, 200 g Zucker auf diese Menge einkochen) · ½ dl weisser Porto (Portwein) · 1 Zimtstengel · 1 Nelke · 1 TL Vanillezucker (Rezept Seite 269) · Schokoladeflocken

Für den Honig-Sabayon (4 bis 6 Personen):

2 dl guter säurehaltiger Weisswein · 2 EL Tannenhonig · 2 Eier

Die Birnen schälen, dabei den Stiel daranlassen. Die Fliege ausschneiden.
Über Nacht in den Wein einlegen.
Anderntags abgiessen und den Wein mit Zuckersirup, Porto, Zimtstengel und Nelke sowie Vanillezucker kurz einkochen. Die Birnen bei kleiner Hitze so lange pochieren, bis sie knapp weich sind.

Auskühlen lassen. Den restlichen Jus absieben, sirupartig einkochen und löffelweise über die Birnen verteilen. Schokoladeflocken darüberstreuen.
Alle Zutaten über einem heissen Wasserbad so lange aufschwingen, bis die Masse schaumig und konsistenzmässig fest ist. Den Sabayon auf die Teller verteilen und die Birnen hineinstellen.
Soll der Sabayon längere Zeit fest bleiben und kalt serviert werden, so kann man ihn mit einem Blatt Gelatine (eingelegt in Wasser und gelöst) festigen.

Gebäck

Feines Biskuit

Für eine Springform von 24 bis 26 cm Durchmesser

Butter und Mehl für die Form · 5 Eier · 160 g Zucker · 1 Zitrone, Schale abgerieben (nur Gelbes) · 80 g Weissmehl · 80 g Kartoffelmehl · 80 g frische Butter, geschmolzen

Den Backofen auf 180 °C Mittelhitze vorheizen.
Die Springform gut ausbuttern und mit Mehl bestäuben.
Ein Wasserbad bereitstellen.
Eier, Zucker und Zitronenschale mit 2 EL Wasser in eine feuerfeste Schüssel geben. Über dem heissen Wasserbad schaumig rühren, bis die Masse hell und luftig wird (ca. 15 Minuten). Herausnehmen und kaltrühren.
Die beiden Mehlsorten sieben, mischen und abwechslungsweise mit der flüssigen kalten Butter zur Eimasse geben. Locker mischen. Vorsicht, die Eimasse darf nicht zusammenfallen.
In die vorbereitete Form füllen. Glattstreichen und auf der untersten Rille in den Ofen schieben. 40 Minuten backen. Das Biskuit soll sich vom Rand lösen.

Tip: Das feine Biskuit ist besonders zum Füllen geeignet. Es kann tiefgekühlt werden.

Leichtes Biskuit

Für Rouladen, dünne Biskuitböden usw.

Je 20 g flüssige Butter und Mehl für das Backblech oder die Springform · 2 Eier · 2 Eigelb · 100 g Zucker · 2 EL Wasser · 2 Vanillestengel, längs aufgeschnitten, Samen ausgeschabt · 100 g Mehl, gesiebt · 1 Prise Salz

Den Backofen auf 180 °C Mittelhitze vorheizen.
Das Backblech oder die Form zuerst mit Butter bestreichen, dann mit Mehl bestäuben.
Eier, Eigelb, Zucker und Wasser in ein feuerfestes Schüsselchen geben und über dem heissen Wasserbad so lange schaumig rühren, bis die Masse hell und luftig wird. Das dauert etwa 15 Minuten. Herausnehmen und weiterrühren, bis die Masse kalt ist, respektive Zimmertemperatur hat.
Die Vanillesamen beigeben, die ausgeschabten Stengel für die Zubereitung von Vanillezucker weiterverwenden.
Das Mehl mit dem Salz nach und nach locker unter die Masse ziehen. Je nach Rezept auf dem vorbereiteten Backblech ausstreichen (z.B. für Roulade) oder in der Springform bzw. einer anderen passenden Form im Ofen je nach weiterer Verwendung backen.

Leichte Brioche

Unser Hausrezept, das wir seit Jahren zubereiten und dessen Konsistenz bewusst leichter, d.h. weniger butterhaltig ist. Aus diesem Grund ist auch die Zubereitung völlig anders, als man sie vom klassischen Brioche-Rezept kennt.

Für ein Brioche-Brot von 26 cm Länge · Cake-Form von etwa 26 cm Länge; für Portionen-Brioche kleinere Förmchen. Die Cake-Form hat aber den Vorteil, dass die Brioche wegen der grösseren Menge luftiger wird

250 g Mehl · 20 g Hefe (Würfel) · 1 gestrichener TL Zucker · 2 Eier · ½ dl Wasser · 150 g flüssige Butter · 1 gestrichener TL Salz · 1 Eigelb

Die Cake-Form gut ausbuttern. Den Backofen auf 50 °C Mittelhitze vorheizen.

Zuerst alle Zutaten und die ausgebutterte Form bereitstellen.
Das Mehl in eine Schüssel sieben. In der Mehlmitte eine Vertiefung anbringen.
Die Hefe mit dem Zucker in einer kleinen Tasse flüssig rühren. In die Vertiefung einlaufen lassen.
Eier und Wasser in einem Schüsselchen verklopfen.
Die abgekühlte Butter dazugeben. Alles gut mischen und ebenfalls in die Mehlmitte einlaufen lassen.
Das Salz auf den Mehlrand streuen. Es darf nicht direkt mit der Hefe in Berührung kommen, da Salz die Hefepilze an ihrer Entwicklung hindert. Den Teig sorgfältig mischen. In die vorbereitete Form füllen, glattstreichen und mit Eigelb bepinseln. Das Ei darf nicht am Formenrand kleben, sonst geht der Teig nicht auf. Auf der zweituntersten Rille bei 50 °C Mittelhitze im Backofen randhoch aufsteigen lassen. Auf 100 °C Mittelhitze stellen, die Temperatur alle 5 Minuten um 20 °C erhöhen, bis nach 20 Minuten eine Temperatur von 180 °C erreicht ist. Jetzt die Unterhitze für weitere 10 Minuten auf 250 °C stellen. Die Brioche herausnehmen, auf ein Kuchengitter stürzen und abkühlen lassen.
Eine etwas ungewohnte Zubereitungsart. Sie ist einfach, erfordert aber unbedingtes Einhalten der Rezeptur. Mir schmeckt diese Brioche am besten frisch aus dem Ofen. Sie kann aber nach dem Abkühlen auch tiefgekühlt werden. Zum Auftauen im Kühlschrank braucht sie 2 Stunden, dann lässt sie sich toasten (auf einem Backblech, da für Toaster zu butterhaltig). Man kann sie auch im Backofen bei 70 °C in einer Stunde regenerieren lassen.

Butterblätterteig

Für 550 g Teig:

250 g Weissmehl · 100 g Butter aus dem Kühlschrank · 10 g Salz · 1 dl Wasser · Mehl zum Ausrollen · 100 g Butter zum Einpacken

Das Mehl in eine Schüssel oder auf ein Teigbrett (Tisch) sieben. In der Mitte eine Vertiefung anbringen.
Die Butter in Flocken geschnitten hineingeben. Von Hand mit dem Mehl zerdrücken, dann mit beiden Händen verreiben, bis die Masse »brösmelig« wird.
Das Salz im Wasser lösen, zur Mehl-Butter-Mischung giessen und den Teig von der Mitte aus anrühren. Zusammendrücken. Nicht kneten, da der Teig sonst zäh wird. In Folie schlagen und 45 Minuten in den Kühlschrank legen.
Den Teig mit möglichst wenig Mehl zu einem Streifen von ca. 40 cm Länge und ca. 15 cm Breite ausrollen.
Die Butter auf die Teigmitte legen und die Teigenden zuerst von der einen Seite über die Butter schlagen. Dann die andere Seite über das eingeschlagene Teigstück legen. So entsteht die »einfache Tour«.
Mit dem Wallholz sanft andrücken, dann den Teig in Folie schlagen und 40 Minuten in den Kühlschrank legen. Nun wieder zu einem ca. 40 cm langen Teigstreifen gerade auswallen. Den Teig dabei zuerst mit dem Wallholz anklopfen, damit sich die Butter gleichmässig verteilt. Beide Teigenden bis zur Mitte legen, dann nochmals überschlagen. So entsteht die »doppelte Tour«. Mit dem Wallholz sanft andrükken und wieder in Folie geschlagen eine Stunde im Kühlschrank verwahren. Die »doppelte Tour« dreimal wiederholen. Dazwischen jedesmal eine Stunde kühl stellen.
Achten Sie auf folgende Punkte:
Der Teig soll mit dem Wallholz in gerade Richtung, niemals schräg bearbeitet werden, sonst verschieben sich die Blattschichten.
Blätterteig immer mit dem Messer schneiden, niemals mit

dem Teigrädchen bearbeiten. Man drückt sonst die Teigschichten zusammen.
Butterblätterteig muss in jedem Fall kalt sein, d.h. in kleinen Portionen aus dem Kühlschrank verarbeitet werden. Ideale Unterlage: Marmorplatte.

Früchtebrot

Für 2 kleine oder 1 grosse Cake-Form

*30 g Hefe · 50 g Zucker · 1,3 dl Milch ·
80 g Butter · 300 g Mehl · 4 Eier · 1 Prise Salz ·
300 g kandierte gemischte Früchte ·
100 g Baumnusskerne, grob gehackt · 1 Eigelb*

Die Hefe mit dem Zucker flüssig rühren. Die lauwarme Milch dazugiessen. Die Butter flüssig werden lassen, abkühlen und ebenfalls beigeben.
Das Mehl in eine Schüssel sieben. In der Mitte eine Vertiefung anbringen und die flüssige Mischung einlaufen lassen.
Dann die Eier verklopfen und ebenfalls einlaufen lassen. Das Salz auf den Mehlrand streuen.
Die Früchte und die Nüsse dazumischen und den Teig zusammenkneten.
Eine Cake-Form ausbuttern. Den Teig einfüllen, mit Eigelb bestreichen und bei 50 °C im Ofen aufgehen lassen. Bei 200 °C 30 bis 40 Minuten backen.
Das Früchtebrot ist aufgrund seiner Feuchtigkeit sehr lange haltbar.

Birnentorte mit Mandelcreme und Birnen-Sorbet

Für eine Springform von ca. 28 cm Durchmesser respektive 12 bis 14 Stück Torte · Saison: Sommer bis Frühling

1 Portion geriebener Mürbeteig mit Zucker (Rezept Seite 257) · Butter für die Springform · Mehl zum Ausrollen · 1 Eiweiss

Für die Mandelcreme:

1,5 dl Milch · 1 Vanillestengel · 2 Eigelb · 50 g Zucker · 1 EL Wasser · 15 g Kartoffelmehl · 60 g Butter · 60 g Mandeln, geschält, gerieben · 60 g Puderzucker · 10 g Kartoffelmehl · 1 EL weisser Rum

Zum Belegen:

8 Birnen respektive 16 Birnenhälften (z.B. Kaiser Alexander)

3 dl Wasser · 2 dl Weisswein · 60 g Zucker · 1 EL Vanillezucker (Rezept Seite 269) · 1 Zimtstengel · 1 Nelke · 1 dl eingekochte Pochierflüssigkeit · 1 TL Zitronensaft · ½ Portion Birnen-Sorbet mit Karamelsirup (Rezept Seite 265)

Den Mürbeteig Zimmertemperatur annehmen lassen.
Die Springform bebuttern, den Springformenrand lösen und den Teig auf dem Springformenboden (einen feuchten Lappen darunterlegen) ausrollen.
Den Teigrand mit Eiweiss bepinseln, den restlichen Teig zu einer Rolle formen und als Rand auf den Teigboden legen. Den bebutterten Springformenrand ansetzen und schliessen. Die Teigrolle rundum und ca. 3 cm hoch mit einer Gabel andrücken. Den Boden mit der Gabel mehrmals einstechen und die Kuchenform kühl stellen.
Für die Mandelcreme die Milch mit dem aufgeschnittenen,

ausgeschabten Vanillestengel und den Vanillesamen erhitzen. Abkühlen.
Eigelb, Zucker und lauwarmes Wasser schaumig rühren, das Kartoffelmehl beifügen.
Die Vanillemilch unter Rühren dazugiessen und alles wieder in die Pfanne zurückgeben. Unter Rühren eine Minute leicht kochen lassen. Wieder abkühlen.
Die Butter schaumig rühren, Mandeln, Puderzucker, Kartoffelmehl und Rum daruntermischen.
Die Mandelmasse zur Vanillecreme geben und glattrühren.
Die Birnen schälen und halbieren. Kerngehäuse entfernen.
Wasser, Weisswein, Zucker und Vanillezucker aufkochen, Zimtstengel und Nelke beigeben und 10 Minuten ziehen lassen.
Die Birnenhälften hineinlegen und je nach Reifegrad 15 bis 30 Minuten pochieren, d.h. vor dem Siedepunkt ziehen lassen. Im Sirup auskühlen lassen.
Den Backofen auf 200 °C Mittelhitze vorheizen.
Den Teigboden mit Mandelcreme bestreichen. Die Birnenhälften fächerartig einschneiden und mit der Wölbung nach oben in die Creme setzen. Den Teigrand bis 1 cm über der Füllung zurückschneiden.
Die Torte auf der untersten Rille in den Ofen schieben und 30 Minuten bei gleicher Hitze backen. Die Backofentür öffnen und die Torte 15 Minuten bei ca. 50 °C stehenlassen.
Die Pochierflüssigkeit absieben und mit dem Zitronensaft auf ca. 1 dl eindampfen lassen. Abkühlen und die lauwarme Torte damit überziehen.
Die Torte aufschneiden und nach Belieben mit Birnen-Sorbet servieren.

Italienisches Hefebrot (Foccacia)✩

Für 2 bis 3 Brote, je nach Grösse

40 g frische Hefe · 1 TL Zucker ·
500 g Weissmehl · 2½ dl lauwarmes Wasser ·
15 g Salz

½ dl Olivenöl · 5 g Salz

Die Hefe mit dem Zucker flüssig rühren. Das Mehl auf ein Teigbrett sieben, in der Mitte eine Vertiefung anbringen und die flüssige Hefe einlaufen lassen.
Das Wasser dazugeben, das Salz auf den Mehlrand streuen, den Teig von der Mitte aus zusammenarbeiten. Kneten, bis er inwendig Luftblasen zeigt.
Den Ofen auf 50°C vorheizen. Den Teig – mit einem feuchten Tuch bedeckt – auf die doppelte Menge aufgehen lassen. Nochmals kneten, dann flach und rechteckig auswallen und auf das mit Öl bestrichene Backblech legen. Grosszügig mit Olivenöl bepinseln, das Salz darumstreuen. Nochmals bei gleicher Ofenhitze 30 Minuten aufgehen lassen. Mit Küchenhölzchen in Abständen von 3–4 cm lochen. Das ergibt das typische Aussehen des Brotes.
Den Ofen auf 220°C vorheizen, das Brot auf der untersten Rille einschieben. 30 Minuten lang backen. Wenn möglich, lauwarm servieren.

Grissini:

Aus dem gleichen Teig langgezogene 3–5 cm dünne Würste formen. In grossen Abständen auf das mit Öl bestrichene Backblech legen. Mit einem feuchten Tuch bedeckt etwa 30 Minuten bei 50°C aufgehen lassen.
Bei 220°C 10 bis 15 Minuten lang mittelbraun backen.
Grissini sind sehr lange haltbar, da sie auch trocken gut schmecken.

Kartoffel-Vollkornbrot✩

Für ca. 2 kg

500 g Kartoffeln, in der Schale gekocht (Pellkartoffeln) · 30 g Hefe · 1 dl Vollmilch (Zimmertemperatur) · 6 dl Wasser (die Menge ist von der Beschaffenheit des Mehles und der Kartoffeln abhängig) · 40 g Salz · 1 kg Vollkornmehl · 10 g Butter · etwas Weissmehl, zum Bearbeiten

Die Kartoffeln tags zuvor in der Schale weich kochen. Die Hefe mit der Milch verrühren, bis sie flüssig ist. Das Salz im Wasser lösen.

Die Kartoffeln schälen, fein reiben und die flüssige Hefe zufügen. Mit dem Vollkornmehl mischen. Das Salzwasser beigeben und alles zu einem Teig verarbeiten.

10 Minuten gut kneten. Den Teig mit einem feuchten Tuch bedecken und 50 Minuten an einem warmen Ort aufgehen lassen. Nochmals gut durchkneten und einen bis zwei runde oder ovale Laibe formen. Auf ein ausgebuttertes und bemehltes Backblech setzen, wieder ein feuchtes Tuch darauflegen und 50 Minuten bei Zimmertemperatur ruhen lassen.

Den Backofen auf 200 °C Mittelhitze vorheizen.

Das Brot auf der untersten Rille einschieben und 1 Stunde lang backen. Dann den Ofen auf 150 °C stellen und das Brot weitere 30 Minuten darin belassen.

Ein rustikales Brot, das sich aufgrund seiner Feuchtigkeit auch einige Tage in Folie verpackt aufbewahren lässt. Es passt gut zu kalten Platten, zu Suppen, zu Käse u.a.

Reichhaltiges Nussbrot mit Vollkornmehl

Für 3 Brote à ca. 500 g

Es lohnt sich, gleich mehrere Brote zu backen, da dass Nussbrot – in Folie gewickelt – nicht nur mehrere Tage haltbar ist, sondern auch tiefgekühlt werden kann. Es ist ausserordentlich wichtig, das Nussbrot möglichst dünn zu schneiden.

450 g Vollkornmehl · 500 g Halbweiss-Mehl · 60 g Hefe · 50 g Zucker · 7–8 dl Vollmilch (je nach Quellfähigkeit des Mehles) · 125 g Butter · 30 g Salz · 300 g Rosinen · 300 g Baumnüsse (Walnüsse), grob gehackt

2 Eigelb · ½ TL Öl

Das Mehl mischen und in einer Teigschüssel oder auf einer entsprechenden Unterlage kranzförmig ausbreiten. Die Hefe mit 1 EL Zucker flüssig rühren. Mit dem restlichen Zukker in die Mehlmitte geben, ebenso die lauwarme Milch und die flüssige, abgekühlte Butter. Das Salz dem Mehlrand entlang aufstreuen. Es darf nicht direkt mit der Hefe in Berührung kommen. Den Teig von der Mitte aus zusammenarbeiten. Bevor er kompakt zusammenhält, die Rosinen und Nüsse dazumischen.
Den Teig kneten, bis er samtig wird. In Zimmertemperatur (oder bei 38 °C im Ofen) aufgehen lassen.
Längliche Brote formen, diese auf ein Backblech legen und nochmals aufgehen lassen.
Nach ca. 2 Stunden den Ofen auf 180 °C Mittelhitze vorheizen.
Die Brote mit Eigelb bestreichen und auf ein geöltes Backblech legen. Auf der untersten Rille in den Ofen schieben und ca. 50 Minuten backen.
Auskühlen und mindestens über Nacht ruhen lassen.

Grundrezepte

Nudelgrundteig

ca. 500 g Teig

300 g Weissmehl oder halb Weiss- und halb Vollkornmehl · 6 EL Wasser · ½ EL Salz · 2 Eier à 50 g · ½ EL Öl · Mehl zum Bearbeiten

Das Weissmehl in eine Schüssel oder auf ein Teigbrett respektive auf eine entsprechende Unterlage sieben. Wenn man Vollkornmehl verwendet, gibt man es ungesiebt zum Weissmehl. In der Mitte eine Vertiefung machen. Wasser, Salz, Eier und Öl zusammen verklopfen und in die Mehlmitte einlaufen lassen.
Den Teig mit der Holzkelle von der Mitte aus gut mischen, den Teigballen aus der Schüssel nehmen und von Hand mit möglichst wenig Mehlzugabe so lange kneten, bis sich beim Anschneiden inwendig Luftbläschen bilden. Den Teig in Zimmertemperatur auf einer leicht bemehlten Unterlage unter einem warmen, feuchten Keramikschüsselchen mindestens 30 Minuten ruhen lassen. Das Mehl quillt auf, und der Nudelteig wird samtartig zart.
In kleinen Mengen millimeterdünn auswallen. Mit dem Handrücken unter dem Teig möglichst dünn ausziehen und mit einem scharfen Messer Nudeln oder andere Teigformen schneiden.
Gut mehlen und möglichst frisch weiterverwenden.
Der Nudelteig kann auch mit mehr Mehl zubereitet werden, lässt sich dann aber nicht mehr so fein verarbeiten.

Tips: Nudelteig auf Vollkornmehl-Basis lässt sich weniger dünn ausziehen.
Das mit kochendem Wasser erwärmte Schüsselchen ist ein altbewährter Trick aus der Küche meiner Grossmutter.
Mehl ist oft überlagert; Weissmehl sollte nicht länger als drei Monate aufbewahrt werden, es verliert sonst seinen Geschmack und die Backeigenschaft. Noch weniger lang darf man Vollkornmehl lagern, da der Keimling des Kornes Fett enthält.

Strudelteig

Strudel für 8 bis 12 Portionen

200 g Mehl · 1 gestrichener TL Salz · 1 Ei, verklopft · 1 EL Öl · ¾ dl–1 dl Wasser

Mehl und Salz mischen. In einer Schüssel oder auf einem Teigbrett einen Kranz formen.
Das Ei mit Öl und Wasser mischen. Einlaufen lassen, den Teig von der Mitte aus zusammenrühren und kneten, bis er geschmeidig und glatt ist.
Mit einer nassen, heissen Schüssel bedeckt bei Zimmertemperatur 30 Minuten bis 1 Stunde ruhen lassen.

Geriebener Mürbeteig mit Zucker

250 g Mehl · ½ TL Salz · 40 g Zucker · 150 g Butter aus dem Kühlschrank · 1 Ei · 1 EL Milch

Das Mehl in eine Schüssel sieben.
Salz, Zucker und Butter in Flocken zufügen. Von Hand alles fein reiben, bis eine »brösmelige« Masse entsteht.
Das Ei mit der Milch verklopfen und den Teig damit anfeuchten. Von der Mitte aus zusammenarbeiten.
Zu einer Kugel geformt 30 Minuten kühl stellen.
Ein sehr zarter, brüchiger, aber unvergleichlich wohlschmeckender Teig, der sich für Fruchttörtchen, feine süsse Kuchenböden oder für Torten als Unterlage verwenden lässt. Den Teig für kleine Portionen auf Backpapier ausbacken, für grössere Kuchen direkt auf dem Boden der Kuchenform.

Eine ganz gewöhnliche Mayonnaise ...

Sie ist, im Mixer gerührt, überhaupt kein Problem. Geben Sie 1 Ei, ½ TL Salz, etwa 10 Umdrehungen frischgemahlenen Pfeffer aus der Mühle und 1 TL Senf mit 2 dl Öl in den Mixbecher. Lassen Sie den Mixer laufen – die Mayonnaise ist in Sekunden fest. Säure, egal ob Zitrone oder irgendeine Essigsorte, kommt in jedem Fall erst nach dem Festwerden der Sauce dazu.

Von Hand gerührte Mayonnaise verlangt das Beachten einiger Regeln. Es ist nicht sehr wichtig, dass alle Zutaten Zimmertemperatur haben. Viel massgebender ist das Mischen der Zutaten in der richtigen Reihenfolge. Man beginnt mit dem Eigelb (das steif geschlagene Eiweiss kann am Schluss zum Lockern daruntergezogen werden), gibt Salz, schwarzen Pfeffer aus der Mühle sowie Senf dazu. Jetzt kräftig rühren, es entsteht bereits eine Emulsion. Nun das Öl zuerst tropfenweise und dann grosszügiger beigeben. Zuletzt mit Säure abschmecken. Säure würzt die Mayonnaise, macht sie leichter verdaulich und verdünnt sie auch. Aber: Niemals am Anfang dazugeben, denn Säure hemmt die Emulsion.

Es gibt verschiedene Möglichkeiten, die kalorienreiche Mayonnaise leichter zu machen:

- Mischen Sie der fertigen, kräftig gewürzten Mayonnaise etwa ein Viertel Joghurt nature oder Speisequark bei.
- Lockern Sie mit Eischnee.
- Verwenden Sie kalorienarmes respektive kalorienfreies Öl.

Die Beigabe von geschlagenem Rahm verfeinert die Sauce, macht sie aber nicht leichter.

Nicht vergessen: Bei handgerührter Mayonnaise einen feuchten Lappen unter die Schüssel legen, damit sie nicht rutscht.

Die Mayonnaise ist Basis für eine Reihe kalter Saucen:

Schnittlauchsauce:
feingehackten Schnittlauch beigeben.

Kerbelsauce:
einen Bund Kerbel, fein geschnitten, zufügen.

Kapernsauce:
zerdrückte Kapern, möglichst ohne Essig, beigeben.

Olivensauce:
grüne und schwarze Oliven fein schneiden und zufügen.

Remouladensauce:
Senf, Essiggurken, Kapern, Petersilie, Kerbelkraut, Estragon, Sardellenessenz zugeben.

Senfsauce:
Senf (je nach Senfsorte mehr oder weniger) sowie 3–4 Tropfen Tabasco zufügen.

Feine Tomatensauce

ca. 3 dl Sauce · Saison: Sommer bis Herbst

1 EL Olivenöl · ½ Zwiebel, fein gehackt · ½ Knoblauchzehe, gepresst · 1 kg frische Tomaten · 3 Blatt Basilikum · Salz · Pfeffer aus Mühle · 1 Prise Zucker · 3 Basilikumblättchen, in feine Streifchen geschnitten

Das Olivenöl erhitzen, Zwiebel und Knoblauch beigeben und glasig andämpfen.
Die Tomaten würfeln und mit den grobgehackten Basilikumblättern zufügen. Alles zusammen 30 bis 50 Minuten leise kochen lassen.

Je nach Flüssigkeitsgehalt der Tomaten etwas Wasser oder entfettete Bouillon zugeben.
Mit Salz, Pfeffer und Zucker würzen. Durch ein feines Sieb passieren, die Basilikumstreifchen im letzten Moment schneiden, da sie sonst schwarz anlaufen. Unter die Tomatensauce ziehen.

Rustikale Tomatensauce

Für ca. 3 dl Sauce · Saison: Sommer bis Herbst

1 EL Olivenöl · 1 Zwiebel · 1 grosse Karotte · ¼ Sellerieknolle, geschält · 1 Knoblauchzehe · 1 kg Tomaten · 1 dl guter Rotwein · 6 dl dunkler Gemüsefond (Rezept Seite 264) · 1 Lorbeerblatt · je 1 Zweig Thymian-, Oregano- und Basilikumblätter · 1 kleine Kartoffel, geschält · Pfeffer aus der Mühle · Salz · 1 Prise Zucker

Das Öl erhitzen.
Die Zwiebel, die Karotte und den Sellerie an der Bircherraffel in eine Pfanne reiben. Die Knoblauchzehe dazupressen und alles gut andämpfen.
Die Tomaten in grobe Würfel schneiden und mitdünsten.
Mit dem Rotwein ablöschen und ihn vollständig einkochen lassen.
Den Fond dazugiessen, das Lorbeerblatt und die Kräuter beigeben. Die Kartoffel an der Bircherraffel dazureiben. Bei kleiner Hitze mindestens 40 Minuten kochen lassen (ohne Deckel).
Absieben, mit Pfeffer, Salz und einer Prise Zucker abschmecken.

Variante:

Anstelle von Gemüsefond Fleischbouillon verwenden. Die Sauce wird dann besonders kräftig.

Tip: Die Sauce kann als Vorrat tiefgekühlt werden.

Käse-Rahm-Sauce

ca. 3 dl Sauce

30 g Butter · 30 g Mehl · 1 dl Milch · 2 dl Vollrahm (Sahne) · 50 g Parmesan, frisch gerieben · 3–4 Tropfen Zitronensaft · ½ TL Senf · Salz · Pfeffer · 1 Prise Muskat, frisch gerieben

Butter und Mehl zusammen erhitzen und dämpfen, ohne das Mehl Farbe annehmen zu lassen. Die Pfanne beiseite ziehen.
Mit Milch und Rahm ablöschen.
Aufrühren und aufkochen.
Den Parmesan mit Zitronensaft und Senf unter die Sauce mischen. Mit Salz, Pfeffer und Muskat würzen. Glattrühren und je nach der weiteren Verwendung abkühlen lassen.

Gesund und vielseitig: Tofu

Bei uns ist Tofu erst seit verhältnismässig kurzer Zeit auf dem Markt – Japan und China dient er bereits seit 2000 Jahren als Grundnahrungsmittel.
Es erstaunt nicht, dass sich Tofu, einmal erhältlich, rasch durchsetzen konnte. Er entspricht nämlich ganz dem heutigen Trend hin zu leicht verdaulichen, kalorienarmen Nahrungsmitteln. Denn das ist Tofu: reich an Eiweiss, enthält nur wenig Fett und überhaupt kein schädliches Cholesterin.
Tofu stammt von der Sojabohne. Sojabohnen werden gemahlen, gekocht, gepresst. Der so entstandenen Sojamilch setzt man Nigari zu, einen Bestandteil von Meersalz. Es bringt die Milch zum Gerinnen, verwandelt sie in Quark. Daraus wird Tofu.
Tofu ist nicht nur gesund und deshalb geeignet für Diäten. Tofu ist auch sehr vielseitig. Er lässt sich sowohl für süsse wie für pikante Speisen verwenden. Man kann ihn kochen, braten, fritieren oder aber auch roh mariniert Salaten beigeben. Für die vegetarische Küche bedeutet er zweifelsohne eine Bereicherung.
Rezept Seite 145: Gemüse-Crêpes mit Tofu an Kohlrabensauce.

Heller Gemüsefond (Gemüsebouillon)

½ Liter

1 EL Olivenöl oder Erdnussöl · 1 Zwiebel mit Schale · ½ Knoblauchzehe mit Schale · 4 Karotten · ¼ Sellerieknolle und/ oder 2 Sellerieblätter · 1 kleiner Lauch · 2 Wirsing- oder Kohlblätter · 1 kleines Lorbeerblatt · 1 Nelke · 2 schwarze Pfefferkörner, zerdrückt · 200 g Champignons, grob gehackt · 3 l kaltes Wasser

Das Öl erhitzen.
Die Vanille mit der Schale grob schneiden und samt der Knoblauchzehe beigeben.
Die Karotten und den Sellerie mit Schale klein schneiden, ebenso die gelben Lauchblätter und den Wirsing.
Mit Lorbeerblatt, Nelke und Pfefferkörnern kurz andämpfen.
So lange bei mässiger Hitze einkochen, bis ca. ½ l Flüssigkeit übrig bleibt. Absieben.

Wichtig:

Das Gemüse wird absichtlich in wenig Öl angezogen, damit es seinen feinen Eigengeschmack intensiv entwickelt.
Dieser Fond ist als neutraler Gemüsefond zu verwenden. Je nach Gericht kann die eine oder andere Zutat geschmacklich überwiegen, d.h. in grösseren Mengen beigegeben werden.
Reste in kleinen Portionen tiefkühlen.

Dunkler Gemüsefond (Gemüsebouillon)

½ Liter

1 EL Olivenöl oder Erdnussöl · 1 Zwiebel mit Schale · ½ Knoblauchzehe mit Schale · 3 Tomaten · 4 Karotten · ½ Sellerieknolle und/oder 2 Sellerieblätter · 1 kleiner Lauch · 2 Wirsing- oder Kohlblätter · ½ Zwiebel mit Schale · 1 kleines Lorbeerblatt · 1 Nelke · 2 schwarze Pfefferkörner, zerdrückt · 1 EL Tomatenpüree · 200 g Champignons, grob gehackt · 3 l kaltes Wasser

Das Öl erhitzen.
Die Zwiebel samt der Schale grob schneiden und zusammen mit der Knoblauchzehe beigeben.
Die gewaschenen Tomaten, Karotten und den Sellerie samt Schale klein schneiden, ebenso die gelben Lauchblätter und den Wirsing. Gut andämpfen.
Die Zwiebelhälfte auf die Herdplatte (mit Folie geschützt) legen. Die Schale und die Schnittfläche kräftig anbräunen. Mit Lorbeerblatt, Nelke und Pfefferkörnern dem Gemüse beigeben.
Das Tomatenpüree sowie die Champignons zufügen und mit Wasser ablöschen.
So lange bei mässiger Hitze einkochen, bis ca. ½ l Flüssigkeit übrig bleibt. Absieben.

Wichtig: Das Gemüse wird absichtlich mit wenig Öl angezogen, damit es seinen Eigengeschmack intensiv entwickeln kann. Dieser Fond ist als neutraler Gemüsefond zu verwenden. Je nach Gericht kann die eine oder andere Zutat geschmacklich überwiegen, d.h. in grösserer Menge beigegeben werden.
Rest in kleinen Portionen tiefkühlen.

Birnen-Sorbet

8 bis 12 Portionen, je nach Menge

5 dl Wasser · 140 g Zucker · 2 EL Zitronensaft · 400 g gut reife Birnen (z. B. Kaiser Alexander) · 2 EL Williamine (Birnenlikör)

Für den Karamelsirup:

3 gestrichene EL Puderzucker · 3 EL Wasser

50 g Schokoladenflocken · 50 g geröstete Mandelblättchen

Wasser, Zucker und Zitronensaft 15 Minuten lang sirupartig einkochen lassen.

Die Birnen samt Schalen und Kerngehäuse halbieren, beigeben und weich kochen. Abkühlen, die Kerngehäuse ausstechen und die Birnen im Mixer ganz fein pürieren. Die braunen, sichtbaren Schalenteile lassen das Sorbet natürlich erscheinen und geben einen kräftigen Geschmack. Wer sich daran stört, kann das Püree durch ein feines Sieb passieren.

Williamine beigeben und das Sorbet gefrieren lassen.

Den Puderzucker hellbraun rösten, bis er das erste Mal aufschäumt.

Dann mit Wasser ablöschen und ganz einkochen lassen. Abkühlen.

Das Sorbet nach Belieben mit einem heissen Löffel ausstechen. Mit Karamelsirup überziehen und mit Schokoladenflocken und Mandelblättchen bestreuen.

Zimt-Glace

ca. 12 Portionen

3,5 dl Milch · 3 dl Vollrahm (Sahne) · 1 Vanillestengel, längs aufgeschnitten · 1 Zimtstengel · 1 EL Vanillezucker (Rezept Seite 269) · 4 Eigelb · 100 g Zucker · 3 gestrichene TL Zimtpulver

Die Milch mit dem Rahm, dem ausgekratzten Vanillesamen, dem Zimtstengel und dem Vanillezucker aufkochen. Von der Herdplatte ziehen und zugedeckt einige Minuten ziehen lassen.

Eigelb und Zucker über einem heissen Wasserbad schaumig rühren, bis eine helle, luftige Masse entsteht.

Die noch heisse, abgesiebte Milch mit dem Zimtpulver langsam und unter Rühren bei mittlerer Hitze zur »Rose« erhitzen (vor den Siedepunkt bringen). Abkühlen, in die Behälter der Glace-Maschine füllen und gefrieren lassen.

Zimt-Glace schmeckt mit warmem Kompott von Feigen, Kirschen, Birnen oder Äpfeln besonders fein.

Glace-Reste im Tiefkühler aufbewahren. Vor dem Essen je nach der Menge 2 bis 3 Stunden in den Kühlschrank stellen. Eventuell mit dem Stabmixer (Schneidestab) luftig aufrühren.

Vanille-Glace

8 dl Eis

*8 Eigelb · 125 g Puderzucker · 3 EL Wasser ·
2 dl Vollmilch · 1 Vanillestengel, längs
aufgeschnitten, schwarze Samen ausgeschabt ·
1 Prise Salz · 3 dl Vollrahm (Sahne)*

Eigelb, Puderzucker und Wasser in eine feuerfeste Schüssel geben. Diese über ein heisses Wasserbad stellen und die Mischung mit dem Stabmixer (Schwingbesen) schaumig rühren. Die Masse soll dabei hell werden, sich vergrössern und eine dickliche Konsistenz bekommen. Aus dem Wasserbad nehmen und die Creme kaltrühren.
Unterdessen die Milch mit den Vanillesamen, dem Vanillestengel und Salz aufkochen. Etwas abkühlen lassen, dann den Vanillestengel herausnehmen.
Den Rahm dazugiessen und die Eicreme mit der Vanillemilch mischen. Unter stetem Rühren mit dem Kochlöffel zur »Rose abkochen«, d.h. so lange ziehen lassen, bis sich beim »Dreinblasen« auf der Oberfläche der Holzkelle wellenartige Linien bilden. Dann hat die Creme die richtige Temperatur. Sofort aus der Pfanne in eine Schüssel giessen und abkühlen lassen. In der Eismaschine gefrieren.
So verwendete Vanillestengel können getrocknet noch zum Ansetzen von Vanillezucker verwertet werden.

Vanillesauce/Vanillecreme

ca. 8 dl

4 Eigelb · 60 g Zucker · 2 EL Wasser ·
6 dl Vollmilch · 1 Vanillestengel, längs aufgeschnitten, Samen ausgeschabt · 1 Prise Salz ·
1,5 dl Vollrahm (Sahne)

Die Eier so teilen, dass das Eiweiss absolut sauber vom Eigelb getrennt wird. Dazu die Eischale sorgfältig anschlagen, das schützende Eigelbhäutchen darf nicht gesprengt werden. Eiweissreste kann man tiefkühlen. Achtung: Menge in Stückzahl der Eier oder Gewicht anschreiben.
Den Zucker mit Eigelb mischen. Die Schüssel ins heisse Wasserbad stellen, das Wasser beigeben und mit dem Stabmixer schaumig rühren, bis sich Spitzchen bilden und die Masse hell und luftig wird.
Die Milch aufkochen, die Vanillesamen zufügen, auch den schwarzen ausgeschabten Stengel. Etwa 20 Minuten ziehen lassen, dann den Vanillestengel herausnehmen.
Salz in der Milch auflösen. Die warme Milch über die schaumige Eimasse giessen. Nochmals in die Pfanne zurückgeben und unter gutem Umrühren zur »Rose abkochen«, d.h. so lange erhitzen, bis der Kochlöffel beim Dreinblasen von rosenförmigen Linien überzogen wird. Sofort in eine Schüssel abgiessen, da die Sauce beim Abkühlen in der Pfanne gerinnen kann.
Den Rahm halbsteif schlagen. Vor dem Servieren darunterziehen.

Vanillecreme:

Gleiche Zubereitung, aber nur 5 dl Milch oder halb Milch, halb Vollrahm verwenden.

Vanillezucker

Hausgemachter Vanillezucker schmeckt bedeutend natürlicher als chemisch fabrizierter Aroma-Zucker. Die Herstellung ist einfach und sparsam:
Geben Sie in ein Glas mit Schraubverschluss 500 g bis 1 kg Griesszucker. Vanillestengel sind frisch oder getrocknet erhältlich. Man schneidet sie längs auf, schabt die natürlichen schwarzen Vanillesamen aus (für Creme, Sauce, Eis usw. verwenden) und legt die geleerten Schoten in den Zucker.
8 bis 10 Stunden genügen, um aus einem Kilo Griesszucker über Nacht hausgemachten Vanillezucker zuzubereiten.

Wie Sie vegetarische Menüs zusammenstellen können

Mit den folgenden Vorschlägen möchte ich Ihnen nur einige Anregungen geben; die Rezepte dieses Buches erlauben Ihnen viele andere Kombinationen, ganz Ihrem Geschmack, Ihrer verfügbaren Zeit, der Saison entsprechend.
Ich wählte sechs verschiedene Situationen, in denen sich Kochende immer wieder sehen, und dafür vier- bis fünfgängige Mahlzeiten, einfachere bis hin zu luxuriöseren.

Selbst beim *einfachen, preisgünstigen* Menü sind die vier Gerichte »anders«: Zu den Petersilienköpfchen werden die kräftigeren Feldchampignons mit der sie ergänzenden Nuss-Vinaigrette serviert, und die Gemüse-Ravioli kombinieren wir mit einer Sojacreme.

Das *schnelle, unkomplizierte* Menü hat eine rustikale Polenta als Hauptgericht, mit den Zucchini im Töpfchen eine ungewöhnliche warme Vorspeise und mit der Mango-Mousse ein nicht alltägliches Dessert.

Das Menü *für die Familie* bringt einen sättigenden Strudel mit Sojakeimlingen auf Kerbel-Sabayon als Hauptgericht: ein attraktives »grosses Stück«.

Das *Gästeessen, das sich im Frühling und Sommer vorbereiten lässt,* stellt mit dem Gemüsesalat, dem Gazpacho und der Beeren-Fruchtschale ganz auf die Saison ab.

Das *Gästeessen, das sich im Herbst und Winter vorbereiten lässt,* hält sich mit Lauchtorte, Broccoli-Blumenkohl-Timbale und gefüllten Zwiebeln ebenfalls vollkommen an die Jahreszeit.

Beim *luxuriösen* Menü schliesslich isst auch das Auge mit: Den Spargelsalat dekorieren kleine Wachteleier, dekorativ in ihrer Form sind auch die Agnolotti, und aufs höchste appetitlich gibt sich das gebräunte Käse-Soufflé.

Es bleibt mir nur, Ihnen schweizerdeutsch »En guete« zu wünschen ...

Einfach und preisgünstig

Feine Käsesuppe

Petersilienköpfchen mit Feldchampignons an Nuss-Vinaigrette

Gemüse-Ravioli in Sojacreme

Zwetschgen in Rum-Sirup mit Zimt-Glace

✡

Schnell und unkompliziert

Grüner Spargel als Gemüse mit Käse und Brösmeli

Zucchini im Töpfchen

Italienische Polenta mit Fontina
Rustikale Tomatensauce

Mango-Mousse in Himbeer-Coulis

✡

Für die Familie

Peperoni-Mousseline

Sauerampfersüppchen mit Knoblauch-Croûtons

Gemüsestrudel mit Sojakeimlingen auf Kerbel-Sabayon

Joghurt-Terrine mit Beeren

Für Gäste – zum Vorbereiten (Frühling und Sommer)

Roquefortgipfel mit Sesam und Gemüsesalat

Warm marinierte Artischocken mit Limetten und Piniencreme

Andalusischer Gazpacho

Omelettenrolle mit Eierschwämmchen in grüner Sauce

Kalte Fruchtschale mit Saisonfrüchten, Beeren und Pfefferminze

Für Gäste – zum Vorbereiten (Herbst und Winter)

Lauchtorte mit schwarzen Trüffeln an leichter Portwein-Sauce

Broccoli-Blumenkohl-Timbale mit grüner Velouté und Brot-Croûtons

Gefüllte Zwiebeln in Meersalz geschmort

Trauben-Parfait mit Gewürztraminer

Luxuriös

Salat von grünem Spargel mit Wachtelei

Brioche

Agnolotti mit Spinat und Kräutern

Kartoffelsuppe mit Steinpilzen

Käse-Pudding mit feinem Ratatouille

Melonen-Gratin mit Beeren

Fachbegriffe und schweizerische Ausdrücke

abstehen	ruhen lassen
à la minute	in letzter Minute zubereiten
Amuse-Bouche	Häppchen, das zum Apéritif serviert wird
anstellen	arrangieren, auch hochstellen
anziehen	andämpfen, anschwitzen
aufschwenken	durch kreisförmige Bewegung der Pfanne nach Beigabe von Butter die Sauce sich binden lassen
(auf)schwingen	aufrühren, aufschlagen
auswallen	ausrollen
Bain-Marie	Wasserbad
Bâtonettes	Stäbchen
Baumnuss	Walnuss
Bircherraffel	Müsli-Reibe
Brösmeli	Brösel
Brunoise	Würfelchen von Wurzelgemüse, gedünstet
Cassis-Essig	Essig aus schwarzen Johannisbeeren
Consommé	Kraftbrühe, besonders kräftige klare Fleischbrühe

Coulis	dicke, püreeartige Sauce
Croûtons	geröstete Weissbrotwürfelchen
Dämpfer	Vapeur-Gerät
Eierschwämmchen	Pfifferlinge
Federkohl	Grünkohl
Feuilleté	Blätterteiggebäck
Fliege (bei Obst)	Butz, Butzen (bei Birne, Apfel)
Gipfel	Hörnchen, Kipfel
Glace	Speiseeis
grobblättrige Petersilie	glatte Petersilie
Holzkelle	Kochlöffel aus Holz
Julienne	gleichmässig geschnittene feine Streifen
Jus	klare Sauce
Kabis	Weisskohl
Kartoffelstock	Kartoffelpüree
Kefen	Kaiserschoten, Zuckererbsen
Lime	Limette
Mille-Feuille	Blätterteig gebacken, in der Regel rechteckig zugeschnitten
Mittelhitze	gleiche Ober- und Unterhitze
nappieren	Speisen mit Sauce überziehen
Nüsslisalat	Feldsalat
Passe-Vite	Passiergerät

Pommes-Parisiennes-Messer	Kugel-Ausstecher
Pruneaux	Zwetschgenschnaps
Randen	Rote Bete, rote Rüben
respektive, resp.	beziehungsweise, oder
Rüebli	Möhren, gelbe Rüben
rüsten, zurüsten	putzen, vorbereiten
Sabayon	Schaumcreme
saftend	Flüssigkeit abgebend
satt	eng, dicht nebeneinander; reichlich
Schwingbesen	Schneebesen
Sorbetière	Eisrührmaschine; auch Behälter zum Aufbewahren von Eis
speditiv	rasch, zügig
Sulz	Aspik, Gelee
Tarte	flacher Kuchen
Tartelette	Törtchen
Teighorn	Teigscheibe, in der Regel aus Bakelit, zum Zusammenfügen einer Teigmasse
Timbale	ursprünglich Puddingform mit Deckel und beidseitigen Griffen; bezeichnet auch das Gericht
tournieren	durch Zuschneiden eine bestimmte Form geben
Traiteur	Feinkostgeschäft, Delikatessgeschäft
Tranche	Scheibe
überwellen	blanchieren, (über)brühen

Vapeur-Gerät	Dämpfer
verklopfen	mit Gabel oder Schneebesen mischen
Wallholz	Rollholz
Williamine	Birnenschnaps
Ziseliermesser	Julienne-Messer, spezielles Messerchen, um gewisse Garnituren anzubringen respektive Streifchen zu schneiden

Verzeichnis der Rezepte nach Sachgruppen

VORSPEISEN UND ZWISCHENGERICHTE

SUPPEN

HAUPTGERICHTE

BEILAGEN

DESSERTS

GEBÄCK

GRUNDREZEPTE

Alphabetisches Verzeichnis der Rezepte

L

M

N

O

P

Q

R

S